Doris Kruger
Brigitte Wieland

Das Fest des Lebens
Mit Kindern Gottesdienst feiern

Doris Kruger
Brigitte Wieland

# Das Fest des Lebens

## Mit Kindern Gottesdienst feiern

Lahn-Verlag, Limburg-Kevelaer

Die Deutsche Bibliothek – CIP-Einheitsaufnahme

Ein Titeldatensatz für diese Publikation ist bei
Der Deutschen Bibliothek erhältlich.

Wir danken den Verlagen und den Autorinnen und Autoren
für die uns freundlicherweise erteilten Abdruckgenehmigungen.

Leider konnten wir nicht in allen Fällen die Rechteinhaber
ermitteln. Wir bitten gegebenenfalls um Benachrichtigung.

Gedruckt auf chlorfrei gebleichtem, umweltfreundlichem Papier.

e verlags gruppe engagement


Lektorat: Klaus Gasperi
Umschlaggestaltung: AKUT Werbung GmbH, Dortmund
Satz: Schröder Media, Dernbach
Notensatz: Nikolaus Veeser, Schallstadt
Druck und Bindung: Koninklijke Wöhrmann, Zutphen
Printed in The Netherlands



ISBN 3-7840-3218-4

# Inhalt

# Vorwort

Seit nunmehr zehn Jahren sind wir in der Fortbildung für Frauen und Männer tätig, die in ihren Gemeinden mit Kindern Gottesdienste feiern. Die in diesem Buch vorliegenden Gottesdienste sind eine Auswahl aus unserer Arbeit und unserer Erfahrung mit der Gestaltung von Kindergottesdiensten. Die Themen und Inhalte der einzelnen Gottesdienste orientieren sich an existentiellen Erfahrungen der Kinder und berücksichtigen auch jahreszeitlich bedingte Feste.

Diese Form der Kinderkirche hat in der Regel eine lose Anbindung an den Gemeindegottesdienst und findet parallel zu diesem statt. Bei der Umsetzung in die eigene Gemeinde müssen die individuellen Möglichkeiten und Verhältnisse berücksichtigt werden. Deshalb sind die vorliegenden Gottesdienste als Modelle zu verstehen: Sie wollen Impulse für die Gestaltung von Gottesdiensten mit Kindern vermitteln, ihre Umsetzung erfordert jedoch eine Aneignung und Auswahl der jeweiligen Anregungen. Neben den räumlichen und organisatorischen Voraussetzungen (Zeit, Alter der Kinder, Gruppengröße ...) sollen dabei auch die verschiedenen Interessen und Vorlieben der Mitarbeiter/innen und der Kinder berücksichtigt werden. Bei einigen wenigen Liedvorschlägen wird auf folgende Liederbücher verwiesen:

Tr = Troubadour für Gott, herausgegeben vom Kolpingbildungswerk Würzburg, 6. Auflage 1999.
LJ = Liederbuch für die Jugend, 20. Auflage 1999, Edition Quell, Gütersloher Verlagshaus, Gütersloh.
EG = Evangelisches Gesangbuch

In unserer Arbeit war es uns immer wichtig, dass bei den Seminarnachmittagen nicht nur ein Kindergottesdienst erarbeitet wurde, sondern dass auch ausreichend Zeit blieb, um den Teilnehmer/innen ihren individuellen Zugang zum Thema des Gottesdienstes zu ermöglichen und ihre Erfahrungen miteinzubringen. Diese Zugänge und Erfahrungen konnten in dieses Buch nicht übernommen werden, jedoch wünschen wir unseren Leser/innen genauso erlebnisbezogene Gespräche und Erfahrungen im Rahmen ihrer Vorbereitungen.

*Doris Kruger,*
*Brigitte Wieland*

# 1) Mit dem Gaukler Jakob das Heilige in uns entdecken

### *Vorbereitung*

Die Kinder sitzen im Stuhlkreis. Bevor sich die Kinder versammeln, wird im Kreis auf einem braunen Tuch eine Steinhöhle aufgebaut. Darin wird der Schatzsucheplan versteckt.

### *Begrüßung*

Heute wollen wir wieder miteinander Gottesdienst feiern. Wir loben Gott und danken ihm für all das, was er uns jeden Tag schenkt. Besonders wollen wir heute einmal dafür danken, dass es uns gibt. Dass wir da sind mit allem, was zu uns gehört. Vielleicht können wir dabei so einiges von uns entdecken, was uns froh macht. Davon wollen wir jetzt singen:

### *Lied: Ich springe und tanze und lache vor Freude*

*T: Hanni Neubauer*
*M: Franz Kett*

*Aus: Religionspädagogische Praxis, Jhg. 1979, Nr. I »Verschlossensein-sich Öffnen«, S. 50.*

2. Ich hebe die Arme und dreh' mich im Kreise,
   denn es ist hell um mich.

Refrain: Die Blumen, sie blüh'n ...

3. Ich singe ganz laut, ich fühl mich geborgen,
   denn es ist hell um mich.

Refrain: Die Blumen, sie blüh'n ...

4. Ich weiß, dass Gott da ist, ich spür es gar oft,
   denn es ist hell um mich.

Refrain: Die Blumen, sie blüh'n ...

Freude spürt ihr sicher, wenn ihr spielen könnt, was euch Spaß macht. Spiele, die euch gefallen, sind sicher auch solche, in denen ihr etwas suchen oder entdecken sollt. Das wollen wir jetzt auch spielen. Schaut zuerst einmal in den Kreis, was ihr dort seht: eine Höhle, ein Versteck ... In solch einer Höhle, was könnte da verborgen sein? *(Die Kinder erzählen lassen.)*

Wenn wir in die Höhle eindringen, können wir vielleicht etwas entdecken!

*Ein Kind sucht mit verbundenen Augen die Steinhöhle, greift dann hinein und ertastet, was darin versteckt ist. Die Augenbinde wird abgenommen. Gemeinsam mit den anderen Kindern wird der Plan für die Schatzsuche entziffert. L liest vor:*

## ***Schatzkarte***

1. Gehe vom Fundort der Schatzkarte zwei große Schritte in Richtung Sonnenaufgang.
2. Drehe dich drei mal um dich selbst.
3. Hüpfe auf einem Bein 7-mal in Richtung der untergehenden Sonne.
4. Zeichne mit dem Finger einen Totenkopf in die Luft.
5. Gehe rückwärts in Richtung Osten so viele kleine Schritte, wie dein Vorname Buchstaben hat.
6. Warte an dieser Stelle, bis es ganz dunkel ist und die Turmuhr Mitternacht schlägt. Dann fange an zu graben!

*Ein Kind fängt mit der 1. Aufgabe an, sucht sich dann ein zweites Kind, das mit der nächsten Aufgabe weitermacht usw. Durch lautes Zählen der Schritte, gemeinsames Be-*

*stimmen der Himmelsrichtungen, Buchstabieren des Namens o. Ä. werden alle Kinder am Spiel beteiligt. Zum letzten Punkt machen die Kinder Vorschläge, wie Mitternacht gespielt werden könnte:*
*Es wird dunkel. Wir schließen die Augen. Wir hören, wie die Glocke 12 Uhr schlägt.*
*12 Gongschläge. L und Kinder zählen mit. Während der Gongschläge wird ein mit Edelsteinen gefülltes und in mehrere braune Tücher eingehülltes Kästchen vor den Füßen des Kindes abgelegt, das mit der letzten Aufgabe betraut war und noch im Kreis steht. Das Kind beginnt, den Schatz zu entdecken. Es holt sich einen Helfer. Sie decken zusammen das erste Tuch ab. Der Helfer sucht einen neuen Helfer zum Aufdecken. Das Spiel setzt sich fort, bis das Kästlein zum Vorschein kommt. Ein Kind darf das Kästlein tragen.*
*Die Kinder werden aufgefordert, mit ihren Händen ein offenes Schatzkästlein zu bilden und die Augen zu schließen. L legt jedem Kind einen Edelstein in die Hände.*

Der Schatz, den wir gemeinsam entdeckt haben, ist ein besonderer Schatz. Es ist ein Schatz, den man sich nicht einfach nehmen kann. Du bekommst ihn geschenkt. Wenn du etwas in deinen Händen fühlst, öffnest du die Augen wieder und betrachtest still, was in deiner Hand liegt.

*Die Kinder dürfen ihren Edelstein sprechen lassen, ihn etwas aus seinem Leben erzählen lassen, z. B.: »Ich bin kostbar. Ich funkle. Ich glitzere. Ich wurde ... gefunden.«*

*L verdichtet die Kinderaussagen: Manchmal sind wir Menschenkinder genauso wie Edelsteine. Vielleicht sagt die Mutter, der Vater: »Du bist mein Schatz. Du bist mir sehr wertvoll. Du bist eine Perle. Du bist einzigartig.« Ja, jeder von uns ist ein Schatz, ganz kostbar.*

### *Liedvers: Ich bin ein Edelstein*

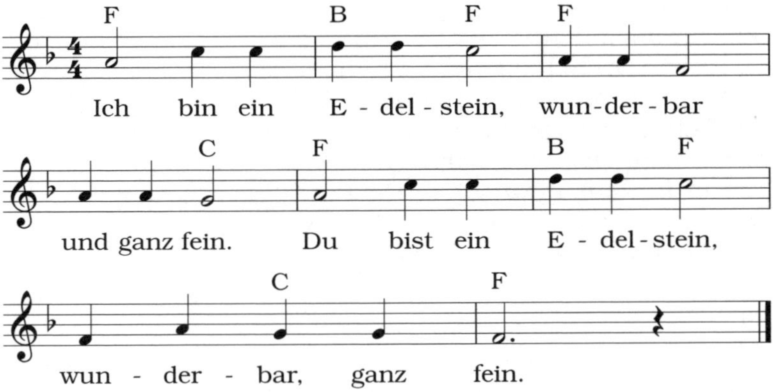


*T und M: Franz Kett*

*Aus: Religionspädagogische Praxis Jhg. 1992, Nr. I »Geschichten, die vom Leben erzählen«, S. 61.*



*Die Kinder legen ihre Edelsteine in der Mitte in einem Kreis ab und »schützen« ihn mit einem Holzring. Die Jesuskerze und die Ikone werden in die Mitte gestellt.*

Auch Jesus hat seinen Freunden von einem Schatz erzählt, davon wollen wir jetzt hören:

### *Erzählung: Der Schatz im Acker*

*Nach Mt 13,44f.*

Jesus ist unterwegs. Er geht zu den Menschen. Er nimmt ihnen die Traurigkeit fort. Er macht ihr Herz hell. Er gibt ihnen ein gutes Gefühl. Er sagt: Ihr seid ganz kostbar. Ihr seid ganz wertvoll. Ihr seid Kinder Gottes.
Die Menschen freuen sich, dass Jesus bei ihnen ist. Sie wollen von Gott, dem Vater im Himmel, hören. Sie sagen: »Jesus, erzähle uns von Gott! Erzähle uns vom Himmelreich!«
Jesus spricht: »Das Himmelreich ist wie ein kostbarer Schatz, der in einem Acker verborgen ist. Ein Mann entdeckt den Schatz, doch er erzählt niemandem davon. Er verkauft alles, was er hat, seinen ganzen Besitz, und kauft damit den Acker, in dem der kostbare Schatz verborgen war.«

### *Gebet*

Vater im Himmel!
Das Himmelreich ist sehr kostbar.
Es ist wie ein Schatz, der verborgen ist
und wartet, dass er entdeckt wird.
Der Schatz des Himmelreiches ist unter uns.
Er ist nicht weit weg, sondern in uns.
Er ist die Liebe in unserem Herzen.
Er ist die Freude in unserem Herzen.
Wir danken dir für diesen Schatz.
Wir danken dir, dass wir deine Kinder sein dürfen.
Amen.

Wir haben davon gehört, dass wir alle kostbar und wertvoll sind wie ein Schatz. Jesus selbst hat davon erzählt, wie wertvoll dieser Schatz in uns ist. Bei unserem Spiel vorher habt ihr aber gemerkt, ein Schatz liegt nicht so einfach offen herum, wir müssen ihn suchen, ihn entdecken, auch den Schatz in uns. Dazu wollen wir jetzt eine Geschichte hören und auch spielen:

### *Erzählung*

*Aus: Max Bolliger, Jakob der Gaukler. Nach einer französischen Legende aus dem 13. Jahrhundert. Mit Bildern von Stepan Zavrel. Bohem Press, Zürich 1991.*

Es war einmal ein junger Gaukler namens Jakob. Er wanderte von Ort zu Ort, um die Menschen mit seinen Kunststücken zu unterhalten.

*Auch ihr spielt gerne mit allen möglichen Dingen und habt vielleicht auch schon Kunststücke damit ausprobiert, so ähnlich wie sie ein Gaukler macht. Ihr habt ganz verschiedene Dinge mitgebracht, mit denen ihr zu Hause spielt. Ihr dürft uns mit diesen Dingen jetzt Kunststücke vormachen:*
- *zwei oder mehr Tischtennisbälle hochwerfen und auffangen*
- *auf dem Seil balancieren*
- *mit Tennisringen jonglieren*
- *Handstand machen*
- *Rad schlagen*
- *mit Bällen spielen o. Ä.*

*dazu Kassette mit bewegter Musik abspielen. Anschließend setzen sich die Kinder wieder in den Stuhlkreis.*

Doch eines Tages hatte er genug davon. Er sehnte sich nach Ruhe und Geborgenheit. Nicht das Tanzen und Springen war ihm zuwider geworden, sondern das Laute. Einmal wanderte er durch ein helles Tal und kam zu einem Kloster. Hier möchte ich bleiben, dachte er und bat um Aufnahme in die Gemeinschaft der Brüder. Der Abt war einverstanden. Jakob gefiel es bei den frommen Brüdern. Aber weil er sein Leben bis dahin mit Sprüngen, Tanzen und Rad schlagen zugebracht hatte, war ihm das Leben der Mönche fremd und er wusste weder ein Gebet zu sprechen noch einen Psalm zu singen. So ging er stumm umher, und wenn er sah, wie alle Mönche beteten, aus frommen Büchern lasen und im Chor der Messe mitsangen, stand er dabei und kam sich ganz klein und nutzlos vor, weil er dachte: »Ach, ich allein, ich kann das alles nicht.«

*Wir wollen jetzt an den Gaukler Jakob in der Stille des Klosters denken. Dazu hört ihr leise Musik und ihr alle erhält einen Teil eines Puzzles, das den Gaukler Jakob ergibt. Immer zwei zusammen dürfen einen Teil schweigend ausmalen und dabei ganz still werden. Wenn ihr euer Puzzleteil fertig angemalt habt, legt es in der Mitte ab, so dass das Bild von Jakob entsteht und setzt euch dann wieder in den Stuhlkreis.*

Weil Jakob sich gar so nutzlos vorkam, versuchte er sich im Garten nützlich zu machen. Er begoss die Blumen und das Gemüse, trug die Schnecken auf die Wiese hinaus, pfiff mit den Vögeln um die Wette und spielte mit den Katzen.

*Wir alle wollen den Garten vom Gaukler Jakob spielen. Ich habe mir das so gedacht, dass jemand den Gaukler spielt und die anderen spielen Blumen, Gemüse, Schnecken, Vögel, Katzen, vielleicht auch Käfer oder Raupen. Der Gaukler geht zu allen Pflanzen und Tieren, spricht mit ihnen, pflegt, gießt, füttert und streichelt sie und spielt mit ihnen. (Wenn es viele Kinder sind, spielen mehrere Kinder gleichzeitig den Gaukler, um alle Tiere und Pflanzen versorgen zu können.)*
*Die Kinder setzen sich wieder in den Stuhlkreis.*

Die Mönche schwiegen. Aber da Jakob in ihren Gebeten, Gesängen und Gottesdiensten nicht mittun konnte, spürte er, dass er nicht dazugehörte, dass er keiner von ihnen war. So kam es, dass er ihnen aus dem Weg ging und oft traurig durch die Gänge irrte.

*Die Kinder decken das Puzzlebild des Gauklers mit den braunen Tüchern ab, in die vorher das Schatzkästchen eingehüllt war.*
*Bei dem Gaukler, der früher die Menschen zum Lachen gebracht hat, ist es jetzt ganz dunkel, traurig, er weiß keinen Weg. Ganz schwer ist es ihm, als ob sein Herz von Traurigkeit umhüllt wäre.*

Da entdeckte er eines Tages unter der Erde, gerade da, wo ihn seine Traurigkeit hingeführt hatte, eine verlassene Kapelle. In der Kirche über seinem Kopf fingen eben die Glocken an zu läuten. Die Mönche versammelten sich, um die Loblieder zu singen und zu beten.
In der Kapelle aber war es ganz still, nur schwaches warmes Kerzenlicht erhellte den Raum.

*Einige Teelichter im Kreis um den Gaukler stellen.*

So saß er in der Kapelle und schaute in das warme Licht. Da auf einmal war es ihm, als höre er eine innere Stimme sagen: »Lobe doch Gott mit dem, was du kannst!«
»Mit dem, was ich kann?«, überlegte Jakob. »Ja, Tanzen und Springen, das kann ich.« Rasch streifte er das Mönchsgewand ab und stand da in seinem bunten Röckchen, in dem er als Gaukler umhergezogen war. Und während vom hohen Chor die Psalmgesänge herüberwehen, beginnt er mit Leib und Seele zu tanzen, vor- und rückwärts, linksherum und rechtsherum. Mal geht er auf seinen Händen durch die Kapelle, mal überschlägt er sich in der Luft und springt die kühnsten Tänze, um Gott zu loben. Wie lange auch das Chorgebet der Mönche dauert, er tanzt ununterbrochen, bis es ihm den Atem verschlägt und die Glieder ihren Dienst versagen.

*Wir wollen jetzt den Gaukler tanzen lassen, indem einige auf ihren Orffschen Instrumenten spielen. Die anderen dürfen sich mit bunten Bändern (Tüchern) dazu bewegen.*

*Wieder andere dürfen mit Farbe den Gaukler auf Papier tanzen lassen, einige mit Kettmaterial den Kreis um die Jesuskerze verzieren. So wie wir das am besten können, jeder macht das, was ihm am meisten entspricht.*

### *Evtl. Bändertanz*

- große und kleine Kreisbewegungen vor dem Körper und seitlich davon
- ebenso über dem Kopf
- Halbkreis nach oben bzw. nach unten schwingen, sich um sich selber drehen, dazu die Bänder in Wellenform auf und ab bewegen
- die Bänder über dem Boden drehen und darüber springen
- eine 8 vor dem Körper schwingen usw.

*Musikbegleitung:* z. B. CD Volkstänze 1–3 (rockig, traditionell, meditativ); erhältlich bei der JUSESO Thurgau. Impulsstelle für kirchliche Jugendarbeit, Freie Straße 4, CH-8570 Weinfelden, Tel: 0041/71/622 42 88.

*Die Jesuskerze wird angezündet.*

Ein Mönch war ihm aber gefolgt und hatte durch ein Fenster seine Tanzsprünge mitangesehen und heimlich den Abt geholt. Am anderen Tag ließ dieser den Gaukler zu sich rufen. Der Arme erschrak zutiefst und glaubte, er solle bestraft werden, weil er das gemeinsame Gebet verpasst hatte. Deshalb fiel er vor dem Abt nieder und sprach: »Ich weiß, Herr, dass ich hier im Kloster nicht bleiben kann. So will ich freiwillig hier wieder ausziehen und in Geduld die Unrast der Straße ertragen.«
Doch der Abt hob ihn auf und nahm ihn in die Arme und sagte: »Tanze und springe in Zukunft, so viel du willst. Wir brauchen einen wie dich. In diesem Tanze hast du Gott mit Leib und Seele geehrt. Wir können von dir lernen, dass wir Gott mit all dem loben können, was aus unserem Herzen kommt.«
Jakob der Gaukler aber ist glücklich. Jetzt weiß er, dass seine Kunst zu tanzen sein Schatz ist, mit dem er Gott ganz besonders loben und ehren kann.

Deshalb wollen wir jetzt unseren Gaukler aufdecken und die braunen Tücher wegnehmen.
Dann wollen wir Gott aus ganzem Herzen, auch mit unserem Körper, ehren und ihm singen:

***Lied: Lasst uns miteinander*** (Tr 152 bzw. LJ 403)

Auch wir können mit unserem ganzen Körper beten:

### *Gebet mit Tanzanleitung*

*Text von Dietrich Steinwede, Bonn. Rechte beim Verfasser*

| | |
|---|---|
| Heute – ein Fest: | *hochhüpfen* |
| ich tanze vor Freude. | *Arme hochwerfen* |
| Vorwärts, rückwärts. | *entsprechende Bewegungen* |
| | |
| Rechtsherum, linksherum. | |
| Ich werfe die Arme. | |
| Ich tanze im Kreis. | |
| Alles dreht sich. | |
| Ich drehe mich mit. | |
| Drehen, Hüpfen, Springen | *paarweise entsprechende Bewegungen* |
| | |
| Du und ich | |
| ich und du. | *aufeinander zeigen* |
| Gott, welche Freude. | |
| Ich tanze so gerne. | *paarweise tanzen* |
| Ja, heute ist ein Fest ... | *im Kreis tanzen* |

### *Materialliste:*

Tuch, um die Augen zu verbinden
großes, braunes Tuch für die Steinhöhle
Steine, Holz o. Ä. für eine Höhle
Schatzsucheplan, in einer Flasche versteckt
Kassette mit lustiger, bewegter Musik (Jahrmarkt, Fasching ...)
Tennisringe, Seile, Bälle, Tischtennisbälle
Jesuskerze
Streichhölzer
ein Puzzle vom großen Gaukler
braune Baumwolltücher
Teelichter

Orffsche Instrumente
farbige Baumwollbänder (Krepp-Papierbänder)
dicke Farbstifte oder Wachsmalstifte
Papier zum Malen
Legematerial (Holzringe) von Kett
Schatzkästchen
Edelsteine
Kassette mit ruhiger Meditationsmusik
Gong oder Becken

# 2) Das Leben spüren

(Der Boxer und die Prinzessin)

## *Vorbereitung*

Verschiedene Stoffe und eine dicke Kerze zur Gestaltung der Mitte.
Zuerst noch versteckt: eine Anziehpuppe (Max, der Boxer), daneben Kleider.

## *Lied: Wach auf, mein Herz und singe* (Tr 455)

## *Tanzanleitung zum Lied*

| | |
|---|---|
| Wach auf, mein Herz, und singe | *Wir öffnen die Hände, die auf dem Herzen liegen und führen sie langsam nach oben.* |
| Dem Schöpfer aller Dinge, aller Dinge | *Wir weiten die Hände, fassen uns zum Kreis, stehen oder gehen im Kreis.* |
| Wach auf, mein Herz und singe | *Wir lösen uns, drehn uns mit hocherhobenen Händen im Kreis* |
| Wach auf und singe! | *Wir stehen und klatschen.* |

## *Begrüßung*

Einen schönen, guten Morgen wünsche ich euch. Habt ihr auch schon bemerkt, wie bunt das hier bei uns aussieht? Jede/r hat etwas anderes an. Ganz festlich gekleidet sind manche hierher gekommen. Andere haben so richtig bequeme Kleider an. Vielleicht haben einige sich auch etwas ganz Leichtes angezogen, sodass sie von ihren Kleidern fast nichts spüren. Manche ziehen gerne ganz weite Sachen an, in die sie sich so richtig hineinkuscheln können. Ich kenne auch Kinder, die ziehen am liebsten T-Shirts an, auf die ihr Lieblingsfußballverein aufgedruckt ist. Schaut euch selber und die anderen nochmals an. So bunt wie wir jetzt hier sind, fassen wir uns alle an den Händen und erzählen Gott von uns.

## *Gebet*

*Quelle unbekannt*

Lieber Gott,
ich kann laufen, ich kann springen,
ich kann rufen, ich kann singen,
ich kann tanzen, ich kann trapsen
und fest mit meinen Händen klatschen.

Arme, Beine, Augen, Mund,
alles hast du mir gegeben,
du hast mich hervorgebracht
und du lässt mich leben!

## *Spiel mit Stoffen*

Wir haben euch verschiedene Stoffe mitgebracht und in die Mitte gelegt. Ihr dürft jetzt einer nach dem anderen verschiedene Stoffe anfassen, sie betasten und uns davon erzählen. Danach könnt ihr auch mal einen Stoff um euch herumlegen wie ein Kleid oder ein Gewand. Bewegt euch damit und probiert aus. Welche Bewegung passt zu dem Stoff, den ihr euch umgelegt habt?
Wir haben heute jemanden mitgebracht. Der liegt dort versteckt. Deckt ihn mal auf! Fällt euch an ihm etwas auf? Er hat keine Kleider an. Er ist nackt und schutzlos. Ich möchte ihn euch vorstellen: Er heißt Max.

## *Erzählung*

*Ein Kind darf der Anziehpuppe Boxhandschuhe anziehen.*

*Aus: Helme Heine, Der Boxer und die Prinzessin. © Middelhauve Verlag GmbH, München 1998.*

Max war ein zartes, empfindsames Kind. »Das Leben ist hart«, sagte der Vater. »Du musst lernen, dich zu verteidigen. Und vor allem: Schaff dir eine dicke Haut an!«
Max nickte gehorsam. Sein Blut war so süß, dass ihn die Mücken piesackten. Deshalb tauschte er sein Lieblingspferd gegen ein Paar Boxhandschuhe ein. Jetzt hatte er seine Ruhe.

Max' Fußsohlen waren so empfindlich, dass es ihm wehtat, wenn er auf eine Ameise trat. Deshalb besorgte er sich Soldatenstiefel. Jetzt konnte er getrost überall herummarschieren.

*Die Anziehpuppe Max bekommt Stiefel angezogen.*

Max' Haut war so dünn, dass er beim Kirschenklauen immer als Erster erwischt wurde. Deshalb versteckte er sich hinter einem eisernen Brustpanzer. Jetzt war er undurchschaubar.

*Die Anziehpuppe bekommt einen Panzer angezogen.*

Max' Nasenhorn war so weich, dass es umknickte, wenn ein Schmetterling sich darauf ausruhte. Deshalb stülpte er sich einen Ritterhelm über den Kopf. Jetzt hatte er die dickste Haut der Welt. Max fühlte sich stark und erwachsen. Die Löwen bissen sich die Zähne an ihm aus und die Wespen verbogen sich ihre Stachel.

*Ein weiteres Kind darf Max einen Ritterhelm aufsetzen.*

Er war rundherum geschützt. Nur die Kälte und die Einsamkeit fanden noch einen Weg in seine Rüstung. Von nun an tat und ließ Max, was er wollte. Ging schlafen, wann es ihm passte, duldete keine Seife mehr an seiner Haut, gab freche oder gar keine Antworten.

*Frage an die Kinder: Was würdet ihr machen, wenn ihr tun und lassen könntet, was ihr wollt?*

Und als der Vater ihm den Hosenboden versohlte, machte Max das nichts aus. Die Eltern waren ratlos. Auch der Doktor konnte nicht helfen, obwohl er ihn von allen Seiten durchleuchtete. Er fand Max äußerst verschlossen, einen Schlüssel aber entdeckte er nicht. Da ließen die Eltern Max in die Welt ziehen, um sich mit anderen Dickhäutern zu messen.

## Spiel: Verkleidungsstaffel

*Die Kinder bilden zwei Gruppen und stellen sich in einer Reihe auf. Start und Ziel werden gekennzeichnet. Am Start liegen mehrere Kleidungsstücke bereit. Auf ein Zeichen hin ziehen sich die ersten Kinder jeder Gruppe die Kleider an, laufen zum Ziel, umrunden es und gehen zur Gruppe zurück. Dort ziehen sie alle Kleidungsstücke aus und übergeben sie dem zweiten Kind, das diese sofort anzieht und um das Ziel herum zur Gruppe zurückläuft. Dies wiederholt sich so lange, bis alle Kinder das Ziel umrundet haben. Die Gruppe »Dickhäuter«, die als Erste den Durchgang schafft, ist Sieger.*

Es war ein feuchter Abschied. »Iss anständig, und geh früh schlafen!«, rief ihm die Mutter nach, »und schreib uns mal!« »Und denk daran«, brummte der Vater, »wir sind immer für dich da.« Max wurde ein tüchtiger Ritter. Er ging keinem Drachen aus dem Weg, egal wie groß oder stark er war.
Er besiegte alle. Eines Tages befreite er eine Prinzessin, und weil sie so schön und edel war, hielt er um ihre Hand an. Doch die Prinzessin wollte keinen Boxer.

*Die Figur der Prinzessin zu »Max« legen oder stellen.*

Da zog Max die Boxhandschuhe aus. Und pflückte ihr einen Blumenstrauß. So gefiel er ihr viel besser. Beim Seiltanzen legte er seine Stiefel ab, so hatte er mehr Gefühl in den Fußsohlen.

*Ein Kind darf Max die Boxhandschuhe ausziehen. Ein anderes darf ihm die Stiefel ausziehen.*

### Tastspiel mit den Füßen

*Aus verschiedenem Tastmaterial, das in flachen Kartons liegt, wird eine Taststraße für die Füße aufgebaut. Ein Kind nach dem anderen geht mit verbundenen Augen über diese Straße und erspürt mit seinen Füßen, worauf es steht und wie sich das anfühlt (evtl. die Kisten immer wieder vertauschen).*

## *Lied: Die Straße zum Himmel*

*T: Hartmut Handt*
*M: Siegfried Macht*

*(Lied schließt mit Refrain)*

2. Die Straße zum Himmel
führt durch das Leben nur;
und viele Menschen warten
auf den, der auf der Spur.

3. Die Straße zum Himmel
ging einer schon voraus.
Was zögre ich zu gehen?
Ich bleibe nicht zu Haus.

Beim Schwimmen schloss Max seinen eisernen Panzer auf. So konnte die Prinzessin sein Herz sehen.

*Max bekommt den Panzer ausgezogen und ein »offenes Herz« angezogen.*

Am Abend küssten sie sich, was ohne Helm viel schöner war. Und jeder Kuss gab ihm die Kraft von zehn Ritterrüstungen. Sie heirateten, lebten in einem Palast aus Glas und Max wurde der Lieblingskönig aller Nashörner. Die Ritterrüstung stellte er in seinen Garten – für alle Fälle.

### *Bewegungsspiel mit Luftballons*

*Immer zwei Kinder klemmen sich einen Luftballon zwischen ihre Stirnen und bewegen sich zu einer flotten Musik. Dabei sollte der Luftballon nicht herunterfallen. Damit sich die Kinder auch kräftig bewegen, eventuell Vorschläge zurufen: drehen, auf und ab bewegen, hüpfen, durch den Raum gehen, Oberkörper kreisen, auf einem Bein hüpfen, stampfen, klatschen usw.*
Musik z. B.: »Kuckuckspolka« (Fidula Fon Boppard/Rhein), CD 4415 Tänze für Kinder; »Break Mixer« (Fidula Fon Boppard/Rhein) CD 4416 Gesellige Tänze und Mixer.

### *Gebet*

Guter Gott,
manchmal brauchen wir Boxhandschuhe wie der Max, wir verstecken uns wie in einem Panzer, damit wir uns stark fühlen. Auch Stiefel und ein dickes Fell sind immer wieder notwendig, damit andere uns nicht wehtun können.

Nimm du uns die Angst, auf andere zuzugehen und verletzt zu werden.
Zeige uns, wie schön es sein kann, die Boxhandschuhe auszuziehen, um etwas von den anderen zu spüren.
Hilf uns die Rüstung und unser dickes Fell aufzumachen, damit wir spüren, wie andere uns gern haben.

Mach uns stark, weil wir wissen, dass du uns annimmst, und schenke uns das Vertrauen: So wie wir sind, ist es gut. Amen.

## *Lied: Mensch, ich mag dich*

3. Und bist du halt mal schlecht gelaunt oder auch gut d'rauf,
   hast du ein großes Brett vorm Kopf, geht dir ein Licht g'rad auf.

Refrain: Mensch, ich mag dich ...

5. Kommst du aus einem fernen Land oder von nebenan, sprichst du Hochdeutsch oder nicht, da kommt es nicht d'rauf an!

Refrain: Mensch, ich mag dich ...

## *Materialliste*

Kerze und Stoffe unterschiedlichster Farbe und Beschaffenheit zur Gestaltung der Mitte;
Anziehpuppe »Max«: entweder große Papp-Anziehpuppe oder ausgestopfte Kleiderpuppe herstellen;
Figur der »Prinzessin« aus Pappe;
Kleider, um Max anzuziehen: Boxhandschuhe, Stiefel, Panzer, Ritterhelm, offenes Herz;
Kleidungsstücke für die Staffel: Jacke, Mütze, Schal, Handschuhe, Schürze oder Ähnliches, jeweils doppelt für beide Gruppen;
Material für Tastspiel: Steine, Watte, Moos, Teppichfliese, Holzspäne, kleine Ästchen, Zweige, Linsen, Sand, Erde, Styropor, Holzwolle, Lumpen, flache Kartons zur Präsentation;
Bewegungsspiel: jeweils 1 Luftballon für zwei Kinder; bewegte Musik;
Kassettenrecorder

# 3) Mutige Zeichen der Freundschaft gegen Angst und Feindschaft

### *Begrüßung*

Schön, dass wir heute miteinander wieder im Kreis sitzen und Gottesdienst feiern. Von diesem Kreis wollen wir jetzt auch singen.

### *Lied: Menschenbrückenlied*

*T: Rolf Krenzer*
*M: Detlev Jöcker*

*Aus Buch, CD, MC »Viele kleine Leute«*

 *Die Strophen sind nur in einer Auswahl abgedruckt.*

2. Wir reichen uns die Hände dann und können sicher sein:
   Fasst einer nur den andern an, ist keiner mehr allein.
   Lai, lai, lai ...
4. Fühl ich mich schwach und hoffnungslos, so halt ich dich doch fest.
   Wir werden stark, wenn einer bloß den andern nicht verlässt.
   Lai, lai, lai ...
5. Wenn so ein Stück der Angst vergeht, weil jeder jeden schützt,
   dann weiß ich, dass ein Bund entsteht, der hält und der mich stützt.
   Lai, lai, lai ...

*Gestaltung: mit dem Refrain beginnen, rhythmisch sprechen, schnalzen, mit den Fingern schnippen, klatschen.*

### Spiel der Gemeinsamkeiten zu Strophe 1

*So wie wir im Kreis zusammenstehen, ist es ein großer Kreis. Aus diesem können wir viele kleine Kreise bilden: Kinder mit Gemeinsamkeiten bilden einen eigenen Kreis in der Mitte (z. B.: alle, die blonde Haare haben; etwas Gleichfarbiges anhaben, Turnschuhe tragen oder Ähnliches). Am Schluss des Refrains gehen sie wieder in den großen Kreis zurück, anschließend werden die anderen Strophen gesungen.*

Die Geschichte, die wir heute hören, erzählt von einem schönen Land, das an einem Fluss liegt. Wenn wir jetzt das Land mit Tüchern und Legematerial gestalten, denken wir daran, dass der König mit seinem Schloss einen besonderen Platz bekommen soll.

*Ein Kind wird aufgefordert, mit dem Fluss zu beginnen. Danach legen – je nach Gruppengröße – einige oder auch alle Kinder nacheinander mit Tüchern und Legematerial die Landschaft in freier Gestaltung.*

## *Erzählung*

*Die Erzählung kann mit selbst gebastelten Schattenfiguren, Folienbildern oder anderen Elementen gestaltet werden.*

*Aus: Gerda Marie Scheidl, Die Kugel aus Glas. Illustriert von Nathalie Duroussy © 1993 Nord-Süd Verlag AG, Gossau-Zürich, Schweiz.*

Einst herrschte ein König über ein großes Land. Blühende Bäume und grüne Wälder gab es dort. Das klare Wasser der Bäche floss durch saftige Wiesen. Es war ein herrliches Land.
Und der König und sein Volk hätten glücklich sein können, aber sie waren es nicht. Hinter dreizehn Hügeln, nicht weit weg vom Land, hauste ein unheimliches Wesen. In stillen Mondnächten hörten sie sein Brüllen. Furcht breitete sich aus. Und die Tochter des Königs wurde krank vor Furcht.

*Die Kinder dürfen die Furcht, die sich langsam ausbreitet, mit Orffschen Instrumenten darstellen.*

*Schattenfiguren: König, Mauer, Königin*

»Wir müssen etwas unternehmen,« sprach die Königin besorgt.
»Unser Land müssen wir schützen, in eine Festung aus

Eisen und Stahl verwandeln«, schlug der königliche Berater vor.
»Ja, befestigen wir unser Land«, sprach der König. Und er befahl, sofort damit anzufangen.

»Halt, nein!«, flehte die Königstochter. »Wie sollen wir atmen können in einem Land aus Eisen und Stahl? Wo blühende Bäume, Wiesen und Wälder vernichtet werden, wo das klare Wasser der Bäche trüb fließen wird?«
Der König nickte. Und er gebot, einzuhalten mit der wahnwitzigen Zerstörung der Natur.
»Doch ..., was soll ich tun?«, fragte er. »Schicke einen tapferen Mann zu dem unbekannten Wesen«, sprach die Königin.

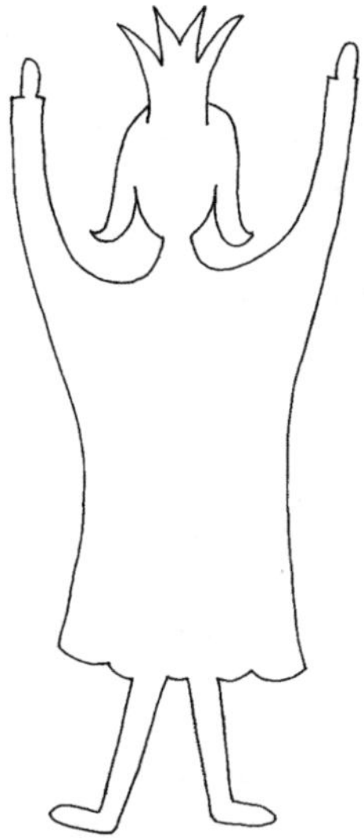

*Königstochter*

Der König ließ im Lande ausrufen: »Wer Mut genug hat, den Unhold zu vernichten, der bekommt meine Tochter zur Frau.«

*Königstochter und Königin ab*

Da meldete sich ein Schmied. Er hielt ein Schwert hoch. »Mit diesem Schwert kann ich jeden unschädlich machen.« »Dann geh«, sprach der König, »und befreie uns von dem Ungeheuer, damit wir endlich ohne Furcht und in Frieden leben können.«

*Schmied und Schwert*
*König geht ab*
*Folie mit dreizehn Hügeln*

*Riese*
*Riese geht ab*
*Schmied und König*

Der Schmied wanderte über die dreizehn Hügel, bis er in ein tiefes Tal kam. Dort sah er das unheimliche Wesen. Es war ein gewaltiger Riese. Der Schmied schlich näher und hob das Schwert. Doch der Riese hatte den Schmied längst gesehen. Er packte das Schwert und brach es entzwei.
»Du wolltest mich töten, du Winzling; wag das nicht noch einmal! Fort mit dir!«, brüllte er. »Sonst werde ich dich töten!«
Schreiend lief der Schmied zurück zum König und klagte: »Mit Waffen ist der furchtbare Riese nicht zu bezwingen.«

*Schmied ab*
*Seiler mit Seil*
*König geht ab*

Da meldete sich ein Seiler. Er zeigte einen Strick vor. »Es ist der beste Strick, den ich je hergestellt habe. Mit List werde ich dem Unhold die Hände binden, so fest, dass er den Strick nicht mehr zerreißen kann.«
»Dann geh«, sagte der König, »damit wir endlich ohne Furcht und in Frieden leben können.«

Schon bald kam der Seiler zu dem Tal. Er sah den Riesen, der ruhig in der Sonne saß. Geduckt schlich er durch das Unterholz näher und schwang weit ausholend seine Seilschlinge. Doch der Riese hatte den Seiler kommen sehen. Er zerriss das Seil einfach.
»Du wolltest mich binden, du Nichtsnutz; wage das nicht noch einmal! Fort mit dir«, brüllte er. »Ehe ich dich binde!«

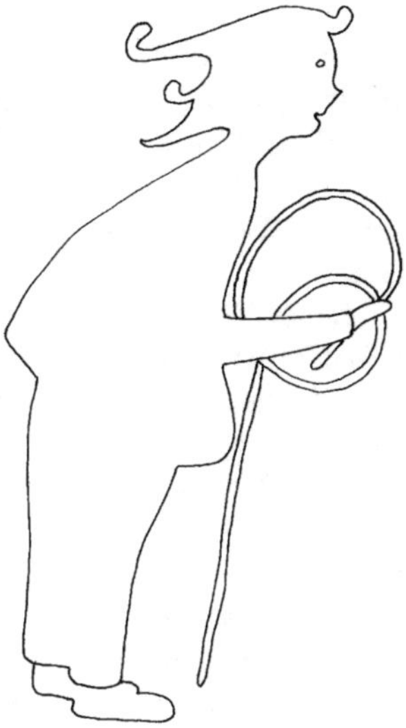

*Riese kommt*

Schreiend lief der Seiler zum König zurück. »Mit List ist der schreckliche Riese nicht zu überwältigen«, jammerte er.

*Riese geht ab*
*König kommt,*
*Seiler ab*

»Warum wollt ihr immer nur Gewalt anwenden?«, schluchzte die Königstochter.
»Ja, das ist ganz verkehrt«, sagte ein Glasbläser, der zur Tür hereinkam. »Seht her, ich habe eine Kugel aus Glas geblasen.« In seinen Händen lag eine schimmernde Kugel. »Die Kugel werde ich dem Riesen als Geschenk meines Königs bringen. Wenn er die Glaskugel in den Händen hält, wird er spüren, dass ich als Freund komme.«

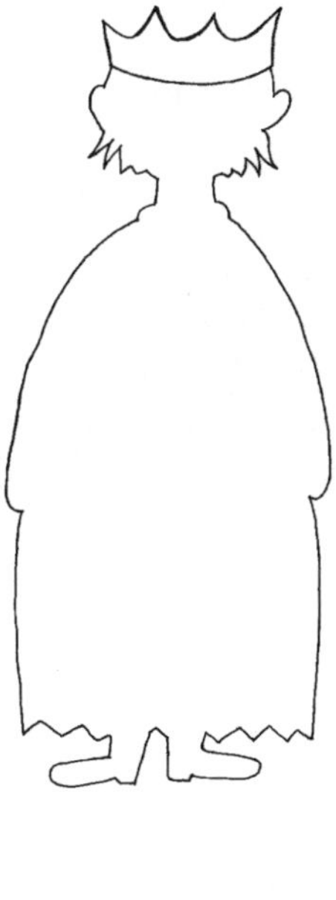

*Königstochter tritt auf*
*Glasbläser mit Glaskugel*
*König und Königstochter gehen ab*

*Riese tritt auf*

Und der Glasbläser ging über die dreizehn Hügel zu dem Riesen. Unerschrocken näherte er sich dem Riesen und hielt ihm die Kugel entgegen. Der Riese wich zurück. War die Kugel vielleicht eine unheimliche Waffe?
»Keine Angst,« sprach der Glasbläser. »Die gläserne Kugel ist ein Geschenk meines Königs. Sie bringt dir den Frieden.«
»Frieden?« Der Riese lachte höhnisch. »Bis jetzt hat dein König mir immer nach dem Leben getrachtet.«
Der Glasbläser sah den Riesen freundlich an. »Ja, mein König hat dir nach dem Leben getrachtet. Er tat es in seiner Angst, denn er glaubte, du würdest uns alle vernichten.«
Der Riese blickte erschrocken. »Wie kann dein König so etwas glauben?« Traurig sah er den Glasbläser an. »Warum denken alle, ich sei böse?«
»Weil du ein Riese bist«, antwortete der Glasbläser. »Und Riesen sind für viele unheimlich.« Aufmunternd nickte er dem Riesen zu: »Nimm diese Kugel als Zeichen unserer Freundschaft!«

***Lied: Hewenu shalom alechem*** (Tr 277, LJ 244, EG 433)

*Riese mit Glaskugel*
*Farbige Folie auf Overheadprojektor unterlegen*
*Melodie auf Kassette, evtl. zum Mitsummen*

Da nahm der Riese die gläserne Kugel. Behutsam hielt er sie in seinen Händen. Und die Kugel leuchtete hell auf. Ihr Licht breitete sich aus – über die dreizehn Hügel hinweg. Dabei ertönte eine feine Melodie, die wie ein leises Rufen klang.

»Wir sollen kommen!«, jubelte die Königstochter. Sie stand auf und ging aus dem Schloss. Verwundert folgten der König und die Königin. Und alle Bewohner des Landes schlossen sich ihnen an. Einer nahm den anderen bei der Hand, und alle summten die Melodie der gläsernen Kugel.

*Alle Figuren treten nochmals auf*

So kamen sie in das Tal des Riesen. Noch immer saß der Riese still da und starrte auf die leuchtende Kugel. Die Königstochter ging zum Riesen und hielt ihm vertrauensvoll die Hände entgegen. Da ließ der Riese die gläserne Kugel in ihre Hände gleiten.

*Königstochter geht zum Riesen und zur Kugel*

»Bewahre sie gut auf«, sagte der Riese, »damit wir fortan immer in Frieden miteinander leben.«
»Das will ich tun«, sagte die Königstochter.
Und der Riese wiegte den Kopf zur Melodie der gläsernen Kugel und lächelte. Da mussten alle lächeln, und sie fingen an zu tanzen und zu singen. Auch der König und die Königin. Und der Riese war mitten unter ihnen.

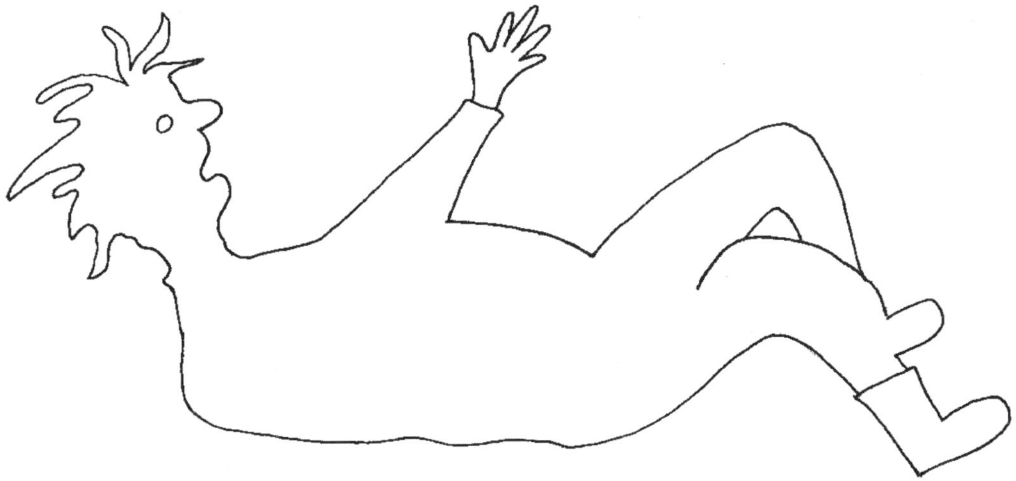

## *Lied: Du, ich geh einfach auf dich zu*

*T: Rolf Krenzer*
*M: Ludger Edelkötter*

*Aus: Du, ich geh einfach auf dich zu (IMP 1035)*

4. Jetzt hab ich dich, und du hast mich.
   Und keiner ist mehr zitterig.
   Doch brauchen wir hier heute
   noch viel mehr nette Leute.
   So tut ein jeder, was er kann
   und fängt gleich wieder mutig an:

Refrain: Hallo du, hallo du ...

6. Wenn wir so miteinander gehen,
   kann man uns nicht mehr übersehn.
   Kein Wind kann uns verwehen,
   wenn wir zusammenstehen.
   Bist du allein, dann denke dran
   und fange einfach mutig an:

Refrain: Hallo du, hallo du ...

### *Materialliste*

Legematerial: blaue, gelbe, grüne, braune Tücher; kleine Tücher für Bäume, Filz- und Holzteile für Blumen oder Ähnliches, Naturmaterialien
Bauklötze für das Schloss
Stabfiguren oder Schattenfiguren: Mauer, König, Königstochter, Schmied, Seiler, Riese, Glasbläser, Schwert, Strick, Glaskugel
Folien für die Landschaft: Hügel, Farben
Feine Melodie auf Kassette
Kassettenrecorder
Orffsche Instrumente
Leintuch für die Projektion
Befestigungsmöglichkeiten für Leinwand: 2 Tische aufeinander stellen, den oberen Tisch umdrehen mit den Beinen nach oben, an der Längsseite mit Stange, Klebeband oder Kordel ein Leintuch aufspannen;
Overheadprojektor

# 4) Wenn wir unsern Wünschen trauen, öffnet sich das Leben

## Begrüßung

*Das Lied »Zieh den Kreis nicht zu klein« auf der Flöte vorspielen, danach so lange summen, bis die Kinder einstimmen, schließlich »la, la, la ...« singen.*

Ihr habt gerade etwas getan, wozu euch meine Flöte und mein Summen angesteckt haben, ihr habt mitgesummt, mitgesungen. Ihr habt mich nicht alleine gelassen beim Singen. Mein Lied hat euch zum Mitsingen eingeladen, ohne dass ich etwas gesagt habe. Zuerst waren es nur wenige, die mitgesummt haben, dann wurden es immer mehr. Aus dem Summen wurde ein Singen. Jetzt lernen wir noch den Text zu unserem Lied. Wir wollen uns anstecken lassen von unseren Liedern, von unserem gemeinsamen Tun, von der Geschichte, die wir heute hören und spielen wollen. Deshalb singen wir noch einmal:

## Lied: Zieh den Kreis nicht zu klein

Strophe 1: siehe Seite 119

Ich möchte unser Lied nicht nur mit euch singen, sondern auch mit euch tanzen. Ich beginne mit einer kleinen Kinderkette und lade eins nach dem anderen ein mitzugehen. Es darf sich hinten anhängen, bis aus der Kette wieder ein großer Kreis wird. *Wir singen dazu: Wenn du tanzt, tanz nicht allein ...*

*Jetzt bekommen einige Kinder ein Rhythmusinstrument, die anderen suchen sich einen Tanzpartner und tanzen in der Mitte. Dann lachen die Kinder, die ein Rhythmusinstrument haben, jeweils ein tanzendes Kind an und wechseln mit ihm die Rolle, werden also zum Tanzpartner, während das andere Kind nun Musik macht.*

## *Spiel: Ich bau mir eine Höhle*

*Die Leiterin stellt zwei Stühle, Decken und Kissen in den halb offenen Stuhlkreis und fordert die Kinder auf, sich zu äußern, was man mit all dem machen kann. Sicher ist der Vorschlag »Höhlen bauen« dabei. Ein Kind darf sich nun allein eine Höhle bauen. Es soll sich in der Höhle verkriechen.*

Wie geht es dir in deiner Höhle? Hast du einen Wunsch?
*Sollte der Wunsch, Besuch zu bekommen, nicht geäußert werden, kann L danach fragen.*

## *Gespräch*

Manchmal ist es schön, wenn ihr euch verstecken könnt oder wenn ihr alleine und ungestört sein könnt. Aber ganz allein sein will wahrscheinlich niemand von uns. Vieles wollen wir gerne mit anderen zusammen tun und zusammen erleben:
- spielen
- einen Ausflug/Reise machen
- fernsehen
- erzählen
- essen usw.

Manchmal kann es schon vorkommen, dass ihr gar keine Lust habt, jemanden zu fragen, ob er etwas mit euch unternimmt. Wenn dann aber plötzlich das Telefon oder die Türglocke läutet und ein Freund oder eine Freundin fragt, ob ihr zusammen etwas unternehmen wollt, dann ist die Freude groß. Als ob sie es geahnt haben, was euch gerade gut tut. Das spielen wir jetzt mit unserem Lied:

## *Lied: Ich bau mir eine Höhle*

*T: Dieter Stork*
*M: Reinhard Horn*

*Aus: Buch, MC »Feuer, Erde Wasser, Luft«*

## *Spiel*

*Ein Kind darf sich in der Höhle verkriechen. Ein anderes kommt und holt es aus der Höhle heraus. Das zweite Kind darf jetzt in der Höhle sitzen. Das erste Kind setzt sich an den Platz und darf das Kind auswählen, das das Höhlenkind herausholt usw.*

## *Erzählung*

*Nach Lk 17, 11–19*

Heute möchte ich euch von Menschen erzählen, die so einsam und abgeschieden gelebt haben wie ihr in eurer Höhle. Sie haben aber keine kuscheligen, weichen Höhlen gehabt. Sie haben sich ihr Versteck auch nicht freiwillig ausgesucht. Andere haben zu ihnen gesagt:

»Geht weg von uns!
Kommt uns ja nicht zu nahe!
Steckt uns ja nicht an mit eurer Krankheit!
Wir sind gesund. Wir freuen uns am Leben. Wir wollen nicht krank sein wie ihr!
Geht! Geht in ein verlassenes Dorf!
Oder in eine abgelegene Höhle könnt ihr gehen!
Essen stellen wir euch dann schon an den Platz, den wir jetzt vereinbaren.«

*Ein einsamer Ort wird mit braunen und grauen Tüchern und einer Schale mit Brot und einem Krug Wasser in der Kreismitte eingerichtet.*

»Dort könnt ihr das Essen und Trinken abholen, wenn wir wieder weg sind.
Aber kommt uns ja nicht zu nahe!
Wenn einer von euch Aussätzigen einen Gesunden kommen sieht, muss er rasseln –

*Eine Rassel wird an den einsamen Ort gelegt.*

damit wir wissen wo ihr seid!
Wir wollen euch nicht zu nahe kommen!
Versteckt euch! Weg mit euch aus unserer Gemeinschaft!«

*Wir legen einen anderen einsamen Ort aus mit einem großen braunen Tuch und Steinen, die zum Kreis gelegt werden. An diesem einsamen Ort sind jetzt zehn Aussätzige, Menschen, die eine schlimme, ansteckende Krankheit haben. Keiner konnte sie bisher heil machen. Für jeden Aussätzigen legen die Kinder einen Kreis mit dunklem Legematerial um den Steinkreis herum.*
*Wir rufen wie die Aussätzigen (mit Rasseln begleiten):*

### *Liedruf: Wir sind ausgestoßen*

*Rechte unbekannt*

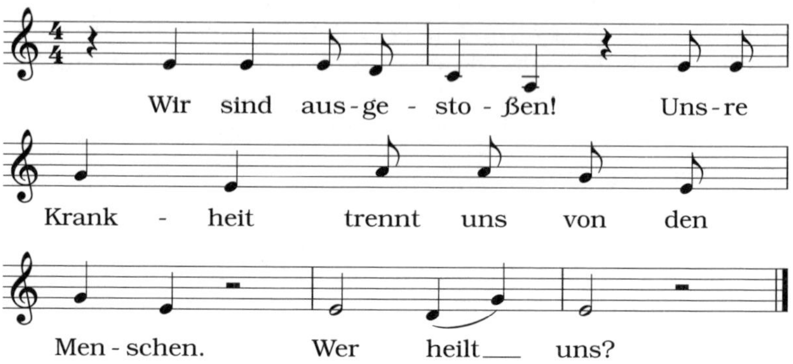


Wer heilt uns? Das haben sich die Aussätzigen oft gefragt.
Wer hilft uns, dass wir wieder herauskommen können aus diesem verlassenen Ort?
Wer hilft uns, dass wir wieder mit den anderen leben können?
Wer hilft uns, dass wir wieder mit ihnen essen, arbeiten, Feste feiern und uns lieb haben können?

### *Liedruf: Wir sind ausgestoßen*

L: Mir gefällt es, dass die Aussätzigen noch Wünsche haben, dass sie sich nicht einfach verkriechen in ihren Häusern und Höhlen. *Jedes Kind, das sich einen Wunsch denken kann, benennt ihn und darf sich dann ein buntes Tuch aus einem Korb holen. Alle Kinder mit Tüchern bilden anschließend einen Kreis, bewegen ihre bunten Tücher, damit wir uns die Wünsche und Träume der Aussätzigen besser vorstellen können. Wir singen dazu und gehen im Kreis:*

## *Lied: Wir gehen rundherum im Kreis*

*Rechte unbekannt*

2. Wir geben uns die Hände nun, und alle machen mit.

Refrain: Und du machst mit ...

3. Wir gehen alle rechtsherum, und alle gehen mit.

Refrain: Und du gehst mit ...

4. Wir gehen alle linksherum, und alle gehen mit.

Refrain: Und du gehst mit ...

*Anschließend legen die Kinder die bunten Tücher zu einem bunten, lebendigen Ort in der Kreismitte zusammen.*

Wenn man sich etwas ganz fest wünscht, beginnt es manchmal schon Wirklichkeit zu werden. Das geschieht so bei den 10 Aussätzigen. Jesus kommt vorüber.

*Die Jesuskerze wird auf ein gelbes Tuch in den Kreis der Aussätzigen gestellt. Die Kinder dürfen die Kreise der Aussätzigen zu Jesus hin öffnen.*

Von weitem schon sehen sie Jesus. Sie wissen, dass er schon vielen traurigen Menschen Freude und Mut gemacht hat. Deshalb rufen sie ganz laut: »Meister! Erbarme dich unser!«
Und Jesus geht zu ihnen und sagt: »Macht euch auf den Weg! Bleibt nicht in eurer Einsamkeit! Geht zu euren Priestern! Sie werden euch wieder in die Gemeinschaft aufnehmen! Wenn sie euch sehen, werden sie merken, dass ihr wieder gesund seid! Dann werdet ihr wieder bei den Menschen leben können.«
Da machten sie sich auf den Weg. Sie glaubten Jesus und taten, was er ihnen gesagt hatte.

*Aus hellem Legematerial werden Lebenszeichen (Sonne, Stern, Blume, Schmetterling usw.) ins Dunkel der bereits geöffneten Kreise der Aussätzigen gelegt.*

Schon auf dem Weg merken die Kranken, dass sie heil werden. Das Leben mit all seinen schönen, bunten Seiten begegnet ihnen wieder. Sicher erfahren auch die Menschen in der Stadt, wie schlimm der Aussatz und die Einsamkeit war. Jesus hat beide wieder zueinander geführt, die Kranken und die Gesunden. Er will, dass die Menschen miteinander das ganze Leben kennen lernen, die dunklen und die hellen Seiten.

*Wir bringen die bunten Tücher zum Ort der Aussätzigen und legen sie im Kreis um den einsamen Ort, an dem auch Jesus im Zeichen der Kerze gegenwärtig ist.*

Einer der Aussätzigen, nur einer, merkt ganz genau, dass Jesus ihm die Kraft für den Weg gegeben hat. Er merkt es mehr als die anderen. Deshalb geht er zurück und sagt »Danke!«

So wie der Aussätzige können auch wir uns an Jesus

freuen. Wir wollen danken für alles, was uns auf unseren Wegen begegnet, für alles, was uns Gott schenkt.

### *Lied: Dank für die Sonne*

*T: Johannes Jourdan*
*M: Siegfried Fietz*



2. Dank für das Wasser, Dank für den Fisch,
   Dank für die Speise auf meinem Tisch.
   Dank für das Lächeln, Dank für den Gruß,
   Dank für die Liebe und jeden Kuss.

3. Dank für die Schule, Dank für die Kraft,
   Dank für das Können, mit dem man es schafft.
   Dank auch für Ali aus der Türkei,
   Dank für die Müllabfuhr und so mancherlei.

4. Dank für die Freunde, die mit mir gehen und
   Dank für alle, die mich verstehn.
   Dank in der Freude, Dank in der Not,
   Dank sei für alles dir, o mein Gott.

### ***Materialliste***

Flöte
für die Höhle: 2 Stühle, 2 Decken und einige Kissen
braune und graue Tücher für einsame Orte (4–8 je nach Größe)
Schale mit Brot
Krug mit Wasser
Rasseln
Steine
dunkles Legematerial (evtl. Naturmaterial)
bunte Tücher (6–8)
Jesuskerze und Streichhölzer
gelbes Tuch
für die Lebenszeichen: helles Legematerial

# 5) Der schönste aller Sterne

Ein Weihnachtsgottesdienst

### *Vorbereitung*

Basteln von Knotenpuppen: Ein quadratisches Tuch an einer Ecke verknoten, das ergibt den Kopf, der auf den Zeigefinger gesteckt werden kann. Der herunterhängende Rest ist das Kleid der Puppe.

### *Lied: Ein neuer Tag beginnt*

*T und M: Helga Poppe, Kreuzbruderschaft*

## *Erzählung*

*Die Geschichte kann mit Knotenpuppen nachgespielt werden.*

*Nach: Rolf Krenzer, Der schönste aller Sterne. Illustrationen von Margret Bernard-Kress. © Lahn-Verlag, Limburg 1998.*

Guten Morgen, Kinder, heute besuche ich euch im Kindergottesdienst. Ich heiße Lotte. Ich hab' ein zerlumptes Kleid, sonst ist mir nichts geblieben. In meinem Land ist Krieg. Ich habe die Eltern verloren und auch mein Zuhause.

Soldat: Guten Morgen, Kinder, ich bin ein Soldat. Ich muss im Krieg kämpfen. Mein Zuhause ist weit weg. Aber ich muss hier bleiben. Wie heißt denn du?

Lotte: Ich bin Lotte.

Soldat: Ich gebe dir ein Stück altes Brot. Lauf davon, weg von der brennenden Stadt, weg vom Krieg! Ich würde gern mit dir gehen, aber ich darf es nicht. Ich muss zurück zu den Panzern.

Lotte: Ich will ganz schnell davonlaufen, durch den Wald, durch den Fluss. Ich bin furchtbar müde geworden. Dort ist ein Baum! Darunter will ich mich legen. Dort bin ich sicher. Von der Ferne höre ich noch den Lärm vom Krieg. Ich esse ein Stückchen von meinem Brot. Einen Rest behalte ich für morgen. Ich glaube, ich werde gleich einschlafen. (kurze Pause)
Ich bin aufgewacht! Es ist ja noch ganz dunkel! Aber wer sitzt denn da neben mir?

Alte Frau: Ich bin eine alte Frau.

Lotte: Du siehst freundlich aus. Hast du Hunger? Ich gebe dir ein Stück Brot.

Alte Frau: Danke! Du tust mir Leid. Es ist schlimm, wenn Kinder die Liebe und das Lachen verloren haben.

Lotte: Der Krieg ist schuld daran. Kann man die Liebe und das Lachen wieder finden?

Alte Frau: Beides ist gestorben:
die Liebe und das Leben. Und was tot ist, kommt nie wieder. Es sei denn ...

Lotte: Was meinst du?

Alte Frau: Wenn du noch an Wunder glauben kannst, ist nichts unmöglich. Siehst du die Sterne und den Mond am Himmel dort oben?

Lotte: Ja, sie leuchten.

Alte Frau: (flüsternd) Mach dich auf den Weg und geh zu den Sternen! Schau immer hinauf zum Himmel, und wenn du eine Sternschnuppe siehst, dann schließe die Augen und spring los! Und schon bist du auf dem richtigen Weg!

*Weitererzählen bzw. vorlesen:*

Sie nahm das Mädchen an der Hand und führte es zum Ufer. Dort setzten sie sich hin und schauten zum Himmel mit den unzähligen leuchtenden Sternen hinauf. Nach einer Weile war die alte Frau eingeschlafen. Da schaute das Mädchen allein in den Sternenhimmel und wartete auf eine Sternschnuppe.
Als aber wirklich eine Sternschnuppe über den dunklen Nachthimmel zwischen den Sternen dahinfuhr, vergaß das Mädchen vor Schreck, die Augen zu schließen und loszuspringen. Auch beim zweiten Mal verpasste das Mädchen die Sternschnuppe. Bei der dritten war es schon fast eingeschlafen, sah die Schnuppe aber noch im allerletzten Augenblick. Blitzschnell schloss es die Augen und sprang los.
Schon spürte es, wie es davongetragen wurde. Zuerst fühlte es einen kalten Zugwind, doch dann legte sich der Wind, und es wurde immer stiller um es herum. Da getraute sich das Mädchen, die Augen zu öffnen. Es schoss zum Himmel hinauf und kam den Sternen immer näher! Aber es spürte weder den Fahrtwind noch irgendeine Spur der Schnelligkeit, mit der es dahinflog. Es fühlte nur, dass es die Angst hinter sich gelassen hatte.

## ***Bewegung mit Tüchern (gelb/weiß) zu Musik***

*Es werden nun ca. 8 Tücher ausgeteilt. Dabei kann es sein, dass nur jedes zweite oder dritte Kind ein Tuch bekommt. Die anderen Kinder bewegen ihre Arme zur Musik:*

- Die Tücher bzw. Arme vor dem Körper schwingen, rechts bzw. links neben dem Körper, darüber, kreisen usw.
- Zwei oder drei Kinder begegnen sich; Kinder mit und ohne Tuch spielen gemeinsam mit einem Tuch zur Musik.
- Beim Ausklingen der Musik legen die Kinder ihre Tücher als Sternstrahlen um die Decke und gehen dann in den Stuhlkreis zurück.

»Das muss er sein!«, rief das Mädchen, als es schließlich auf einem Stern gelandet war. »Der schönste aller Sterne!«
»Du bist auf dem richtigen Weg!«, hörte es da eine Stimme. Als es sich umdrehte, stand ein wunderschöner Sternenprinz vor ihm.

*Ein Kind wird mit einem Sternentuch als Sternenprinz verkleidet. Es erhält einen Korb mit Spiegeln (so viele wie Kinder).*

»Willkommen!«, sagte dieser und reichte dem Mädchen die Hand. Er führte es zu seinem Sternenschloss. Das war ganz aus Glas gebaut, und alles spiegelte sich darin. Der Garten und der Wald, der Bach und der hohe Berg mitten auf dem Stern, alles war aus Glas und so schön, dass man sich nicht satt sehen konnte.

*Der Sternenprinz teilt an alle Kinder Spiegel aus.*

Der Sternenprinz zeigte dem Mädchen alles, was es auf dem Stern zu sehen gab. Da spürte das Mädchen auf einmal, dass es wieder staunen konnte. So staunen wie damals, als es noch glücklich und geborgen war.

### Anleitung zum Schauen und Staunen mit dem Spiegel

- mit dem Gesicht ganz nahe am Spiegel sein: Was seht ihr?
- den Spiegel allmählich weiter weghalten: Wie viel mehr seht ihr jetzt?
- den Spiegel schräg halten: Was ergibt das für ein Bild?

- Versuche mit deinem Spiegel einen anderen Spiegel zu sehen!
- Kannst du etwas von der Zimmerdecke im Spiegel sehen?

Sie setzten sich auf eine Glasbank unter einen Glasbaum auf einer Glaswiese, und der Sternenprinz fragte leise: »Willst du bei mir bleiben? Ich lebe hier ganz allein und bin so einsam! Ich könnte dich lieb haben wie kein anderer Mensch auf der Welt!«
Da sah ihn das Mädchen traurig an und sagte leise: »Ich würde dich nur noch einsamer machen! Ich kann nicht mehr lieben und lachen!«

*Der Prinz zeigt den leeren schwarzen Korb den Kindern in der Runde: So leer und dunkel war es in dem Mädchen.*

Der Prinz sah das Mädchen an und streichelte seine Hände. »Zieh weiter!«, sagte er schließlich und seufzte leise. »Finde dein Lachen und deine Liebe wieder! Aber vergiss mich nicht!«

*Der Prinz sammelt die Spiegel wieder ein. Er stellt den Korb in die Mitte.*

Da nahm das Mädchen Abschied von dem Sternenprinz und dem gläsernen Stern und machte sich wieder auf den Weg.

*Einige Kinder holen sich je ein farbiges und ein grünes Tuch aus einem Korb. Sie werden aufgefordert, mit dem farbigen Tuch eine Blüte auf das grüne Tuch an den Sternenrand (Mitte) zu legen. Danach dürfen sich die Kinder wieder setzen.*

»Das muss er sein!«, rief das Mädchen, als es wieder auf einem Stern landete: »Der schönste aller Sterne!«
»Willkommen auf dem grünen Stern!«, hörte es da eine helle Stimme. Ein Mädchen, nicht älter als es selbst, lief ihm entgegen und nahm es in seine Arme. »Ich zeige dir meinen Stern!«, sagte das fremde Mädchen, das die Blütenprinzessin sein musste. Sie führte das Mädchen in einen Garten, der von unzähligen Blumen duftete und so schön war, dass es sich nicht satt sehen konnte. Es gab

Blumen, wie sie das Mädchen noch nie gesehen hatte und große, starke Bäume mit sattgrünen Blättern, Bienen und Hummeln brummten auf den bunten Wiesen.

*Ein Kind wird als Blütenprinzessin verkleidet und erhält einen Haarreif mit Blüten und einen Korb mit Duftröschen (z. B. Zitrone, Zimt, Vanille, Rose).*
*Die Blütenprinzessin lässt die Kinder riechen und raten.*

Die Blütenprinzessin zeigte dem Mädchen den ganzen blühenden Stern. Da spürte das Mädchen auf einmal, dass es sich wieder freuen konnte. So freuen wie damals, als es noch glücklich und geborgen war.
Sie setzten sich auf den grünen Platz unter den Bäumen, und die Blütenprinzessin fragte leise: »Willst du bei mir bleiben? Ich lebe hier ganz allein und bin so einsam! Ich könnte dich lieb haben wie kein Mensch auf der Welt!«
Da sah das Mädchen die Prinzessin traurig an und sagte leise: »Ich würde dich nur noch einsamer machen! Ich kann nicht mehr lieben und lachen.«
»Du kannst dich aber doch freuen«, sagte die Prinzessin.
»Das reicht noch nicht!«, antwortete das Mädchen leise.
»Zieh weiter!«, sagte da die Blütenprinzessin und seufzte leise. »Finde dein Lachen und deine Liebe wieder! Aber vergiss mich nicht!«

*Die Blütenprinzessin stellt ihren Duftkorb in der Mitte ab.*

## Lied: Er leuchtet still, der Stern

*T: Wolfgang Longardt*
*M: Detlev Jöcker*

*Text aus Liedheft und MC: Kommt, wir feiern Weihnachten. Musik aus Liedheft, MC und CD: Das Liederbuch zum Umhängen 1. Nach der Melodie »Das wünsch ich sehr«*



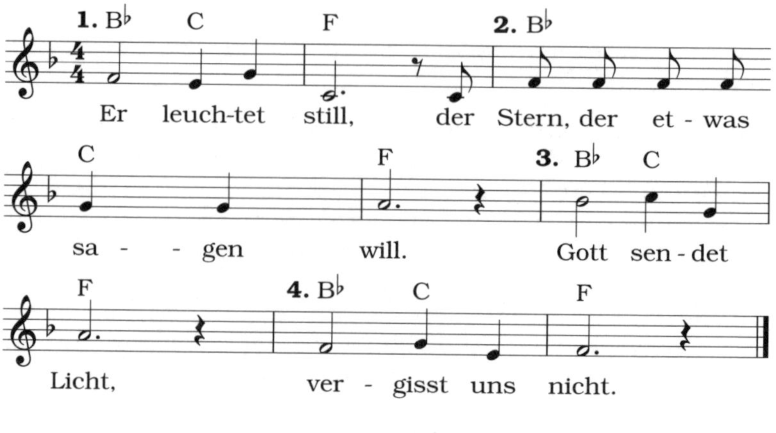

Da nahm das Mädchen Abschied von der Blütenprinzessin und dem grünen Stern und machte sich wieder auf den Weg. Und das Mädchen flog von einem Stern zum anderen, von der Regenbogenprinzessin zum Goldkönig, von der Taukönigin zu dem Eisprinzen. Alle lebten auf wunderschönen Sternen. Aber den schönsten aller Sterne, den fand es nicht.
»Ob er das wohl ist?«, fragte sich das Mädchen, als es auf einem Stern landete, der ganz anders als die übrigen Sterne war. Es war dunkel hier, und das Mädchen hatte Mühe, einen Weg zu finden.

*Einige Kinder erhalten dunkle Tücher. Sie legen diese an den Rand des Sterns und setzen sich in den Stuhlkreis.*

»Soll das der schönste aller Sterne sein?«
»Ich habe alle Lichter gelöscht, damit wir besser sehen können!«, hörte es da eine Stimme, und eine Hand streckte sich nach ihm aus. Da erkannte es einen uralten Mann, der sich niederkniete und auch das Mädchen neben sich auf die Knie zog.
»Ich habe auf dich gewartet!«, flüsterte er. »Du bist gerade zur rechten Zeit gekommen!« Er deutete mit ausgestrecktem Arm weit über den Rand des Sterns hinaus. »Dort ist die Welt, aus der du kommst! Sieh nur, in dem Stall dort unten ist gerade ein Kind geboren worden! Hirten und Weise kommen, um es zu begrüßen. Engel haben ihnen gesagt, dass Gott seinen Sohn zur Welt geschickt hat. Dort im Stall ist er geboren, der König des Himmels und der Erde!«

*Viele Teelichter werden angezündet und um den Stern gestellt.*

### *Lied: Du neugeborenes Kind (flöten, dann singen)*

*T und M: Wolfgang Longardt, 25492 Heist*

Zuerst hatte sich das Mädchen von der Freude des alten Mannes anstecken lassen. Dann war es immer stiller geworden. Schließlich sagte es: »Ich will dir nicht wehtun. Aber was du siehst, ist vor mehr als zweitausend Jahren geschehen.«

»Ich weiß«, antwortete der alte Mann ruhig. »Es sind viele Lichtjahre, die zwischen der Erde und meinem Stern liegen. Aber gerade deshalb kannst du es jetzt in diesem Augenblick sehen: So sehr liebt Gott die Menschen auf der Welt, dass er seinen eigenen Sohn zu ihnen geschickt hat.«

»Das Kind in der Krippe!«, staunte das Mädchen. Und es sah, dass das Kind in der Krippe an dem Bart eines dieser reich gekleideten Männer zupfte. Da musste das Mädchen laut lachen.

»Es bringt den Frieden in die Welt!«, flüsterte der alte Mann.

»Und die Liebe«, fügte das Mädchen hinzu.

Da spürte es, dass es auf einmal wieder lieben konnte. Und es wurde so müde, dass es im Arm des uralten Mannes einschlief.

*Die Kinder in der Mitte erhalten Leuchtsterne und teilen davon auch an die Kinder im Stuhlkreis aus, sodass alle einen Stern haben.*

## *Lied: Er leuchtet still, der Stern*

*Die Kinder schmücken mit ihren Leuchtsternen die Mitte.*

Als es erwachte, blickte es sich erstaunt um. Es war heller Tag, und das Mädchen lag genau dort am Ufer des Flusses, wo es in der Nacht eingeschlafen war. Auch die uralte Frau war noch da.
»Hast du den schönsten aller Sterne gefunden?«, fragte sie. Und weil das Mädchen nicht gleich antwortete, sah sie in die Augen und gab sich selbst die Antwort: »Du hast ihn gefunden. Ich sehe es dir an, dass du wieder lieben und lachen kannst!«
Und das Mädchen erkannte ihre guten Augen und ihr liebes Gesicht mit den vielen Runzeln wieder. Es waren die gleichen Augen und Runzeln, wie sie der alte Mann auf dem schönsten aller Sterne gehabt hatte. Da spürte das Mädchen, dass es die alte Frau von Herzen lieb hatte.
»Ich will bei dir bleiben!«, beschloss es.

## *Lied: Knospen springen auf*

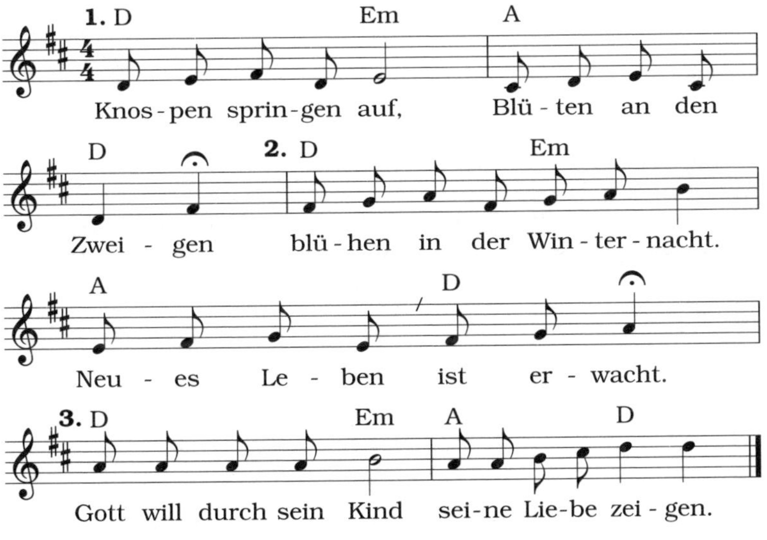


*T: Rolf Krenzer*
*M: Detlev Jöcker*

*Aus Buch, MC und CD: Weihnachten ist nicht mehr weit!*

## *Tanzanleitung zum Lied*

| | |
|---|---|
| Knospen springen auf, | *aus der Hocke* |
| Blüten an den Zweigen | *erheben* |
| Blühen in der Winternacht | *drehen* |
| Neues Leben ist erwacht | *wiegen* |
| Gott will durch sein Kind | *Kind wiegen (Gebärde)* |
| seine Liebe zeigen | *in die Hocke gehen* |

Doch die alte Frau schüttelte den Kopf. »Nur wenigen Menschen ist es vergönnt, den schönsten aller Sterne einmal in ihrem Leben zu finden. Deshalb dürfen sie das, was sie gesehen und erlebt haben, nicht für sich behalten. Sie müssen es weitertragen zu anderen Menschen. Du musst jetzt gehen!«, sagte sie dann. »Geh am Bach entlang, bis du aus dem Wald kommst. Dort wartet einer auf dich!«
»Wer?«, fragte das Mädchen und musste an den freundlichen Soldaten denken, der ihm das Brot geschenkt hatte.
Als es immer noch zögerte, drängte die Alte: »Du weißt es ja! Beeile dich! Geh, sonst versäumst du dein Glück!«
Da umarmte das Mädchen die alte Frau zum Abschied und machte sich auf den Weg.

## *Gebet*

*Alle stehen um den Stern in der Mitte*

Guter Gott
du kommst zu uns mit deiner Liebe.
Mach unsre Augen weit auf,
dass wir über alles Gute und Schöne staunen können.
Schenke uns Freude, damit wir froh sind und lachen können. Lass uns deine Liebe weiterschenken.
Amen.

*Die Leuchtsterne können abschließend an die Kinder verteilt werden.*

## *Materialliste*

Kleine Spiegel (so viele wie Kinder) oder geschliffene Abfallstücke vom Glaser;
Korb für die Spiegel (innen schwarz ausgefüttert);
Sternentuch für den Prinzen;
Musik für das Bewegungsspiel, z. B.: Reinhard und Werner Horn: Einmal Himmel und zurück. Meditationsübungen für Kinder (Buch mit CD), Titel 10 »Sterne«; erschienen im Kontakte Musikverlag.
3 Knotenpuppen aus quadratischen Stoffresten in verschiedenen Farben (z. B. Soldat – grau, Mädchen – bunt, alte Frau – beliebig)
einfarbige Decke
ca. 8 Tücher (weich/Chiffon o. Ä.) gelb/weiß
ca. 8 Tücher in bunten Farben
ca. 8 Tücher aus grüner Baumwolle
4–8 dunkle Tücher
Leuchtsterne (so viele wie Kinder), erhältlich im Schreibwarengeschäft
10–16 Teelichter im Behälter
Körbchen mit »Duftblüten« (z. B. Düfte in alte Filmpatronen geben, diese als Blüte gestalten)
Flöte

# 6) Ich kann mich verwandeln lassen

(Der Strom und die Sandwüste)

## *Vorbereitung*

Wir sitzen im Stuhlkreis. In der Mitte wird aus blauen Tüchern ein Fluss gestaltet, der aus einer Quelle (dargestellt mit einigen Steinen) herausfließt. Braune und gelbe Tücher deuten eine Wüste an. Die Jesuskerze steht beim Fluss.

## *Lied: Ich höre ein Lied*

*T: Dieter Stork*
*M: Reinhard Horn*

*Aus: Buch/MC »Feuer, Wasser, Erde, Luft«. Rechte beim Kontakte Musikverlag, 59557 Lippstadt*

2. Ich sehe ein Licht, das Licht ist mir nah.
   Ich sehe das Licht, ich wärme mich da.
   Wir sehen ...

3. Ich fasse die Hand, die Hand, sie ist da.
   Ich fasse die Hand, ich komme dir nah.
   Wir fassen ...

*Zur Einstimmung wird die Melodie des Liedes auf einer Flöte angespielt, dann wird die 1. Strophe vorgesungen. L*

*geht dabei im Kreis. Die Kinder stimmen bei »Wir singen ein Lied ...« ein und gehen ebenso im Kreis.*
*Zur 2. Strophe zündet L eine Kerze an und wärmt daran die Hände. Die Kinder wiederholen »Wir sehen ein Licht ...« Währenddessen geht ein Kind mit der Kerze zu jedem Kind im Kreis. Jedes Kind wärmt die Hände an der Kerze. Der Vers wird so oft wiederholt, bis das Licht bei allen war.*
*Bei der 3. Strophe fassen sich die Kinder an den Händen und gehen zur Kreismitte (oder in Tanzrichtung und wieder zurück).*

### Begrüßung

Ich möchte euch heute wieder zu unserem Kindergottesdienst begrüßen. Wir begrüßen auch Jesus. Er ist bei uns. Die Kerze erinnert uns daran. Er will unser Leben warm und froh machen. Das habt ihr sicher schon ein wenig beim Singen des Liedes und beim Tanzen gespürt.
In unserer Mitte liegen blaue und gelbbraune Tücher. Sie liegen nicht ganz glatt auf dem Boden, sondern eines neben dem anderen oder zusammengefaltet. Sie liegen so da, als hätte der Wind gerade hineingeblasen, als wären sie in Bewegung.

*Wir machen die Bewegung der Tücher mit unseren Händen nach.*

Woran können euch die blauen Tücher erinnern? (Wasser, Fluss, Strom, Bach ...)
Die blauen Tücher sind für uns heute ein großer Fluss. Ich denke dabei an den Neckar. (Ich wohne am Neckar. Von meinem Fenster aus kann ich ihn sehen. Am Neckar habe ich mit meinen Kindern schon viel erlebt.) Ich möchte euch einladen, mit mir am Neckar allerhand zu erleben:

### Flusserfahrungen

Wir haben viel Zeit. Es ist heute ganz ruhig auf unserem Weg. Wir bleiben an einer Stelle stehen, an der das Wasser flach ist. Da liegen viele Steine am Ufer. Wir setzen uns auf einen großen Stein und schauen auf das Wasser.

*Große Steine werden ans Ufer gelegt.*

Weiter draußen auf dem Wasser ist es nicht so ruhig. Wir sehen Enten. Sie lassen sich mit der Strömung treiben.

*Kinder setzen Holzenten aufs Wasser.*

Jetzt schauen wir noch einmal zum ruhigen Wasser ganz nahe bei uns. Kieselsteine liegen da. Sie gefallen uns. Ganz verschieden sehen sie aus. Wir nehmen einen in unsere Hand.

*Jedes Kind bekommt einen Kieselstein.*

Wir werden still und hören in uns hinein, was uns der Kieselstein erzählt.

### *Lied zum Stillwerden: »Ich will auf das Leise hören …«*

*T u. M: Wolfgang Longardt*

*Aus: Katechetische Spielmappe. Rechte beim Verlag Ernst Kaufmann, Lahr*

*Wir erzählen uns, was wir alles am Fluss erleben können:*

Wie sieht unser Kieselstein aus (Farbe, Form, Oberfläche)? Woran erinnert er uns?
Mit Steinen können wir am Fluss spielen: Wer kann am

weitesten werfen? Wer kann einen Stein auf dem Wasser hüpfen lassen? Die Enten wollen wir nicht stören. Wir werfen erst, wenn sie weitergeschwommen sind.
Wir legen unsere Kiesel ans Ufer. Beim nächsten Spaziergang an den Neckar nehmen wir unser altes Brot mit. Da kommen die Enten schnell herbeigeschwommen, auch Schwäne, Möwen und Blesshühner lassen sich von uns füttern. Das macht Spaß ...
*Wir brechen altes Brot in kleine Stückchen, damit es die Tiere in den Schnabel nehmen können und legen es in die Mitte vom Fluss.*
Einmal ist ein besonderer Tag. Wir machen eine Schiff-Fahrt. *Ein gefaltetes Schiff (od. Holzschiff) wird auf den Fluss gestellt.* Wir kommen schnell voran. Wir sehen Felsen und Weinberge, Obstgärten, Felder und Wiesen.
*Rebzweige, Trauben, Äpfel und Birnen werden zum Flussufer gelegt.* Abends kommen wir müde heim. Wir lassen uns bald ins Bett fallen, schlafen und träumen.
*Wir schließen die Augen und hören eine Melodie zum Träumen. L erzählt dazu folgende Geschichte:*

## Erzählung

*Nach einer Sufigeschichte*

Siehst du mich? Ich bin jetzt kein kleiner Fluss mehr. Ich bin groß und breit geworden. Jetzt kannst du »Strom« zu mir sagen. Ich bin schon alt geworden und habe viel erlebt. Deshalb habe ich's nicht mehr eilig. Ich habe schon viele Kinder gesehen, und unzählige Enten und Wasservögel sind auf mir geschwommen. Felsen und Steine habe ich rund und glatt geschliffen. Wie viele Schiffe habe ich wohl auf meinem Wasser getragen?
Gerade erlebe ich etwas, das macht mich ganz aufgeregt, das macht mir sogar Angst. Ich komme nicht mehr weiter. Ich komme mit meiner gewaltigen Wassermenge nicht mehr voran. Mein Wasser, das bisher alle Hindernisse überwunden hat, versickert im Sand. Es fließt nicht mehr weiter. Ich sehe vor mir nur noch Wüste und kein Weiterkommen ist möglich. Was soll ich tun?

*Glockenzeichen*

Ich höre einen Klang. Was sagt er mir? Ich muss ganz still werden, dass ich höre und verstehe.

*Wir werden still und leise wie der Strom und singen:*

## Lied: Ich will auf das Leise hören

*Glockenzeichen*

Der Wind durchquert die Wüste. Der Strom kann es auch.

*Wir wiederholen flüsternd (in kleinen Gruppen, im Wechsel), was die Stimme gesagt hat.*

Du musst dich vom Wind über die Wüste tragen lassen! Anders kommst du nicht voran.
»Wie werde ich dann ankommen am Ende der Wüste? Was bleibt dann noch von mir übrig?«, fragte ich mich voller Sorge. »Wird es jemals Kinder geben, die an meinen Ufern spielen? Wird es Enten und Vögel geben, die mich begleiten? Schiffe, die sich von mir tragen lassen?«

»Mach dir nicht so viele Sorgen«, sagt mir die Stimme. »Das Wichtigste von dir wird fortgetragen und wird wieder zu einem neuen Strom.«
Allmählich verstehe ich, was die Stimme meint. Ich spüre schon, wie der Wind meine Tropfen mitnimmt und aufwärts trägt, über die Wüste bis hin zu den Bergspitzen. Dort lässt er sie sanft herabfallen.

*Wir spielen mit dem Glockenspiel das sanfte Aufsteigen der Tropfen; mit der Triangel hören wir dem Getragenwerden nach; mit den Fingerspitzen auf der Handtrommel hören wir das Herabfallen der Tropfen. (Wir können dasselbe auch mit Handbewegungen zeigen.)*

Unser Fluss hat sich verwandelt. In unserem Leben kann sich vieles verwandeln. Wir dürfen Gott bitten, dass wir wache Augen und ein offenes Herz haben, dass wir Verwandlungen entdecken können.

## *Lied: Gib uns Augen*

*T u. M: Wolfgang Longardt, 25492 Heist*

2. Gott, du gibst das Licht in finstrer Nacht,
   hast aus Samen Frucht an's Licht gebracht.

Refrain: Gib uns Augen ...

5. Wenn kein Mensch an Licht und Freude denkt,
   Gott uns einen neuen Anfang schenkt.

Refrain: Gib uns Augen ...

Aus mir wird schon wieder ein großer Fluss, bald sogar ein Strom. Ein neuer, ein anderer bin ich jetzt. Das Wichtigste ist mir jedoch geblieben:

Ich kann staunen.
Ich kann mich verwandeln lassen
und immer neu und wieder immer anders werden.
Ich habe jetzt keine Angst mehr,
wenn der Wind einen Teil von mir weitertragen will.
Ich kenne das inzwischen und lasse mich gerne überraschen,
was danach aus mir werden wird.

*Wir gestalten mit Legematerial den neuen Fluss und seine Ufer.*

Inzwischen ist unser Traum ganz lebendig geworden. Der Strom ist in uns und mit uns auf die Reise gegangen. Von unserer Reise durchs Leben dürfen wir auch Gott erzählen. Wir wissen ja: Gott geht alle Weg mit uns.

### *Gebet*

Guter Gott,
wir werden immer größer.
Manches, was wir erlebt haben,
ist vorbei und kommt nicht wieder ...
Manchmal sind wir darüber traurig.
Es kann auch spannend und schön sein,
wenn sich alles um uns herum
immer wieder verwandeln kann:
Nach dem Winter kommt der Frühling,
nach dem Begrüßen das Abschiednehmen ...
Schenke uns offene Augen und offene Herzen,
dass wir über die Verwandlungen staunen können.
Bleibe bei uns auf unserem Weg.
Amen.

### *Lied: Solange die Sonne steht*

*T: Dieter Stork*
*M: Reinhard Horn*

*Aus: Buch incl. CD »Gottes-Kinder-Lieder«.*



*Evtl. in Verbindung mit einer Tanzform, bei der zwei Kinder ein Tor bilden und andere durchs Tor gehen lassen. Danach das Tor auflösen und selbst wieder durch das Tor gehen, das jetzt vom 2. Paar gebildet wird.*

## *Materialliste*

Jesuskerze und Streichhölzer
Tücher (mehrere blaue für den Fluss, braune und gelbe für die Wüste)
2–3 sehr große Steine
einige Enten aus Holz, Keramik oder aus gefaltetem Papier
für jedes Kind einen großen Kieselstein
einige Scheiben altes Brot
1 Schiff (aus gefaltetem Papier oder aus Holz)
Trauben (evtl. Rebzweige), Äpfel, Birnen
Kassettenrecorder und Musik zum Träumen (z. B. CD Einmal Himmel und zurück, s. S. 57)
Glocke oder Triangel
Glockenspiel
Handtrommel
Legematerial

# 7) Die Liebe macht die Erde schön

## *Lied: Gott ist mitten unter uns*

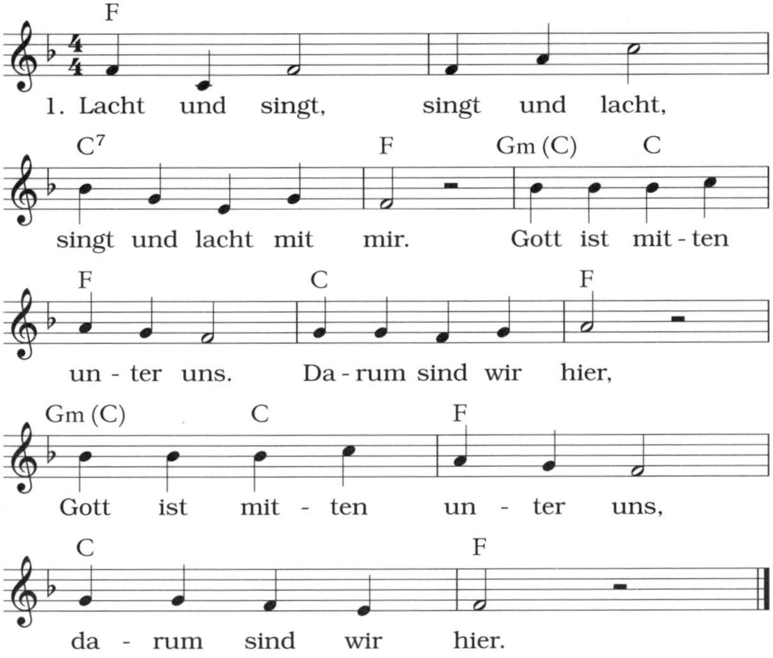


*T: Rolf Krenzer*
*M: Detlev Jöcker*

*Aus: Buch, CD und MC: Das Liederbuch zum Umhängen 1.*

 *Die Strophen sind nur in einer Auswahl abgedruckt.*

2. Stampft und klatscht, klatscht und stampft,
   klatscht und stampft mit mir.
   Gott ist mitten unter uns. Darum sind wir hier,
   Gott ist mitten unter uns, darum sind wir hier.

3. Spielt und tanzt, tanzt und spielt.
   tanzt und spielt mit mir.
   Gott ist mitten unter uns. Darum sind wir hier,
   Gott ist mitten unter uns, darum sind wir hier.

4. Nehmt sein Wort in euch auf.
   Werdet still mit mir.
   Gott ist mitten unter uns. Darum sind wir hier,
   Gott ist mitten unter uns, darum sind wir hier.

## *Begrüßung*

Es ist schön, dass ihr alle gekommen seid. Wenn wir miteinander feiern, dann wird es ein Fest. Dabei ist Gott mitten unter uns. Er freut sich mit uns, wenn wir ganz lebendig sind. Zu diesem Lebendigsein, da passt etwas, was ihr alle kennt und wahrscheinlich auch gern mögt. Ich spiele euch das jetzt mal vor.

*Pantomimisches Ratespiel: L spielt pantomimisch Szenen zum Thema »Wasser« vor: Wasser trinken, es regnet, ... Dann spielt je ein Kind vor, was ihm zum Wasser einfällt. Die Gruppe rät.*

Wasser ist wichtig für uns Menschen, aber auch für die Tiere und die Pflanzen. Mit und im Wasser haben wir auch viel Spaß und Freude. Davon wollen wir jetzt singen.

## *Lied: Ohne Wasser können wir nicht leben*

*Rechte unbekannt*

2. Brunnen fließen und die Quellen springen,
   Bäume wachsen, Felder Früchte bringen.

Refrain: Ja, Gott schenkt uns Wasser hier auf Erden,
darum soll dies unser Danklied werden.

3. Auf den Feldern wirken Tau und Regen
   und die Sonne unsern Erntesegen.

Refrain: Ja, Gott schenkt uns Wasser hier auf Erden,
darum soll dies unser Danklied werden.

Besser als wir wissen Menschen, die die Wüste kennen oder gar darin wohnen und umherziehen, wie kostbar Wasser ist. Die Bibel erzählt uns vom Volk Israel. Dieses Volk hat auch in der Wüste gelebt. Diesem Volk hat Gott seinen Boten, den Propheten Jesaja, geschickt. Der Prophet Jesaja hat den Menschen erzählt, dass Gott alles heil und gut machen will. Der Prophet hat so zum Volk Israel gesprochen (Jes 35,7f.):

(1) Der glühende Sand
(2) wird zum Teich
(3) und das durstige Land
(4) zu sprudelnden Quellen.
(5) In der Wüste
(6) brechen Quellen hervor,
(7) und Bäche fließen
(8) in der Steppe.

*Den Text sprechen: L spricht den Text mit entsprechender Betonung vor. Alle sprechen nach: z. B. kann man den Text rhythmisch in Gruppen sprechen: Gruppe I spricht die ungeraden, Gruppe II die geraden Verse.*

*Den Jesajatext mit Körper und Bewegung gestalten:*

(1) gehen wie auf heißem Sand
(2) in einen Teich hüpfen
(3) Hände starr hochstrecken
(4) das Fließen, Strömen, Sprudeln mit den Händen darstellen.
(5) still und unbeweglich stehen
(6 + 7) mit dem Körper das Fließen und Strömen spielen
(8) das Wachsen und Erblühen spielen

Ich habe verschiedene Dinge mitgebracht. Damit wollen wir jetzt in unserer Mitte eine Wüste entstehen lassen.

### *Gestaltung der Wüste*

*Die Wüste als Bild in der Kreismitte gestalten:* Braune und sandfarbene Tücher, trockenes Holz, Steine, Sand, Dornen.

*mit Instrumenten:* Damit wir uns die Wüste noch besser vorstellen können, dürfen einige Geräusche machen, die zur Wüste passen. Die anderen schließen die Augen und passen auf, was sie hören: Sand rieseln lassen, mit Steinen klopfen, auf Holz reiben, mit Papier knistern, Hölzchen knacken, Becken aneinander reiben (heiße Sonne).

*mit einer Stilleübung:* Neben diese Wüste stellen wir jetzt eine große Schale mit Wasser. Ein Kind darf das Wasser kräftig in Bewegung bringen. Wir alle bewegen uns ganz kräftig mit. Wenn das Wasser ruhig wird und aufhört, sich zu bewegen, dann werden auch wir still wie das Wasser.

### *Sinnesspiele mit Wasser*
(daraus je nach Gruppe und Situation auswählen)

*Wasser spüren:* Schließt eure Augen und haltet eure Hände wie eine Schale vor euch. Wer etwas spürt, darf die Augen öffnen und ein anderes Kind das Gleiche spüren lassen. (Aus einem Gefäß Wasser auf die Hand tropfen lassen.)

*Wassergeräusche hören:* Schließt eure Augen. Wer etwas hört, darf die Augen öffnen und selber ein Geräusch im Wasser machen: rühren, gießen, plätschern, tropfen, mit Strohhalm blubbern ...

*Sich gegenseitig etwas zum Thema Wasser auf den Rücken malen:* Bildet Paare. Einer überlegt sich, wie er dem anderen etwas im Zusammenhang mit Wasser auf den Rücken malen kann. Der andere errät, was ihm auf den Rücken gemalt wurde. Dann Wechsel. Ein Beispiel zur Erläuterung vorzeigen: Kreise im Wasser, Wellen, Bach, Quelle, Wasserfall, Regen, Fisch, Schiff, Muschel, Seerose, Ente, Stein.

*Wasser pantomimisch darstellen:* Einer beginnt vorzuspielen, wie Wasser vorkommt (z. B.: regnen lassen). Alle spielen das nach, ohne dass etwas erklärt oder gesprochen wird. Dann kommt ein anderer dran.

*Verschiedene Wasser probieren lassen:* Ich habe euch mehrere Gläser mit Wasser mitgebracht. Es sieht alles ähnlich aus. Aber es schmeckt anders. Ihr dürft jetzt mit einem Strohhalm aus einem oder zwei Gläsern trinken und sagen, was das für ein Wasser ist (Sprudelwasser, Heilwasser, Salzwasser, Zuckerwasser, abgekochtes Wasser, Zitronenwasser ...).

*Wasserorgel bauen:* Ich habe euch mehrere Gläser mitgebracht. Wenn wir daran schlagen, klingen sie alle gleich. Wir wollen jetzt ausprobieren, wie sie klingen, wenn wir sie unterschiedlich mit Wasser füllen.

Wenn wir mit Wasser spielen, das macht Spaß. Wir freuen uns. Es ist wie ein richtiges Wasserfest. Davon wollen wir jetzt singen.

## *Lied: Wir Tropfen feiern heut ein Fest*

*T: Carola Beermann, Rolf Krenzer*
*M: Siegfried Fietz*

2. Wir können jetzt den Himmel sehn!
Habt ihr euch das vorgestellt?
Alle Pflanzen können wachsen,
bringen Hoffnung für die Welt.

Refrain: Tropf, tropf, tropf tropf ...

3. Wenn alles wächst und grünt und blüht,
ja, dann hat es sich gelohnt.
Feiert heut ein Fest des Dankes,
wer auf dieser Erde wohnt.

Refrain: Tropf, tropf, tropf tropf ...

### *Verteilung der Musikinstrumente*

Von Wüste und Wasser haben wir gespielt und gesungen. Davon will ich euch jetzt eine Geschichte erzählen. Ihr habt ja schon ausprobiert, welche Geräusche zur Wüste passen. Wer von euch möchte denn mal mit dem Xylo-

phon und mit dem Metallophon Wassergeräusche machen? Stellt euch vor, wie das Wasser fließt, strömt ...
*Ein Kind bekommt das Xylophon, ein anderes das Metallophon; sie dürfen damit Wassergeräusche nachmachen.*

In unserer Geschichte kommen aber nicht nur Wüste und Wasser vor. Ganz wichtig ist darin ein kleines Mädchen. Möchte jemand einmal dieses Mädchen auf dem Glockenspiel begleiten, wie es geht, hüpft und springt?
*Ein Kind bekommt das Glockenspiel und ahmt das Mädchen nach.*

Noch jemanden brauchen wir in unserer Geschichte. Ich spiele ihn euch mal vor. Könnt ihr erraten, wer das sein könnte?
*Schritte auf Holzblocktrommel für alten Mann*

*In ähnlicher Weise werden alle Rollen und die Orffschen Instrumente an die Kinder verteilt.*

### Erzählung

*Die Geschichte kann mit Orffschen Instrumenten untermalt werden oder als Alternative einfach mit dem Körper nachgespielt werden.*

Vor langer Zeit einmal brannte die Sonne unbarmherzig auf die Erde. Die Quellen versiegten und die Brunnen trockneten aus. Die Erde wurde hart. Die Blumen verwelkten, alles Gras verdorrte. Die Bäume ließen ihre Zweige hängen und warfen ihre Blätter ab.

*Aus: Christine Mahler, Die Geschichte vom Wasserkrug. Nach Leo Tolstoj, bearbeitet von Franz Kett. © RPA Verlag, Landshut 1994.*

*Wir spielen, wie die Sonne auf die Erde brennt, wie die Quellen versiegen, das Gras verdorrt, die Blumen verwelken und die Bäume ihre Äste neigen und herabhängen lassen.*
*Sonne: Becken aneinander reiben*
*Wüste: mit Papierblättern knistern, auf Holz reiben, Steine aneinander schlagen, Hölzchen knacken*

Die Tiere hatten großen Durst, viele mussten sterben. Andere suchten überall nach Wasser. Auch ein kleiner Hund suchte und suchte, konnte aber keines finden. So legte er sich müde und matt auf den Boden.

*Wir legen unseren Kopf auf unsere Arme.*
*Hund: Tambourin reiben, an den Rand schlagen*

Auch den Menschen erging es nicht anders. Viele waren den ganzen Tag auf der Suche nach Wasser.
Eine alte Frau war dabei so schwach geworden, dass sie nicht mehr gehen konnte. Am Ende ihrer Kräfte setzte sie sich an den Wegesrand.

*Ein Kind geht schlapp umher und setzt sich dann müde auf seinen Platz.*
*Alte Frau: Rassel*

Ein alter Mann kam mit schweren Schritten, auf einen Stock gestützt, des Weges. Er war schwach und nahe am Verdursten. Sein Mund war ausgetrocknet.

*Wir treten müde Schritte am Platz und stützen uns wie auf einen Stock.*
*Alter Mann: Holzblocktrommel, Klanghölzer*

Ein kleines Mädchen sorgte sich um seine todkranke Mutter. Es wusste, sie brauchte dringend Wasser, sonst würde sie sterben. Das Mädchen stand frühmorgens auf, nahm einen Krug und machte sich auf den Weg, um einen Brunnen zu suchen.

*Ein Kind trägt einen Tonkrug um das Bild in der Mitte und stellt ihn dann dort ab.*

Den ganzen Tag lang ging es unter der heißen Sonne, aber es konnte kein Wasser finden. Müde, enttäuscht und durstig legte sich das Mädchen am Abend auf die harte Erde und schlief ein.

*Kleines Mädchen: freies Spiel auf dem Glockenspiel (ohne Halbtöne)*
*Wir schließen die Augen.*

Da hatte es einen wunderbaren Traum. Es hörte eine Quelle plätschern und sah, wie der Krug bis zum Rand mit klarem Wasser gefüllt wurde.

*Wasser wird in den Krug gegossen.*
*Plätschern: Regenholz zweimal drehen*

Als das Mädchen aufwachte, stand neben ihm der gefüllte Krug.

*Wir öffnen die Augen.*
*Krug: Wasserorgel oder Klangstäbe (tiefe Töne)*

Voller Freude sprang es auf und dachte, jetzt kann ich endlich meinen Durst löschen. Doch da fiel ihm die kranke Mutter ein, die das Wasser doch so nötig hatte. Eilig nahm es den Wasserkrug und wollte nach Hause laufen.

*Kleines Mädchen: freies Spiel auf dem Glockenspiel (ohne Halbtöne)*

Beinahe wäre das Mädchen gestolpert. Vor ihm auf dem Boden lag, schwach vor Durst, ein kleiner Hund.
Dem Mädchen tat das Hündchen Leid.
Es schöpfte mit seiner Hand Wasser und gab es dem Tier zu trinken. Schon fand der kleine Hund Kraft und sprang davon.

*Hund: erst Tambourin reiben, dann Hüpfschritte schlagen*
*Wir bilden eine hohle Hand und geben gestenhaft dem Hund zu trinken.*

Der Wasserkrug aber war nicht leerer geworden. Er war aber auch nicht mehr aus Ton, sondern aus Silber und schimmerte wie der Mond.

*Silberner Krug: kleine Zimbeln im Wechsel mit Klangstäben (tiefe Töne)*

Voller Staunen eilte das Mädchen weiter. Da traf es die alte Frau und den alten Mann, die am Wege saßen, elend vor Durst. Das Mädchen sah ihre Not und gab ihnen zu trinken. Dankbar blickten sie dem Mädchen nach. Jetzt strahlte der Wasserkrug in leuchtendem Gold und war noch immer bis zum Rand voll mit Wasser.

*Alte Menschen: Rassel, Holzblocktrommel, Klanghölzer*
*Goldener Krug: Triangel im Wechsel mit Klangstäben (tiefe Töne)*

Vorsichtig trug es den Krug nach Hause und rief: »Mutter, Mutter, ich habe Wasser für dich!« Das Mädchen reichte zuerst der kranken Mutter ein Glas Wasser und trank dann selbst. Und siehe da, der Wasserkrug war über und über mit funkelnden Edelsteinen besetzt. Aus jedem Stein sprudelte eine Quelle frischen Wassers.

*Mutter: Xylophon (freies Spiel ohne Halbtöne)*
*Krug mit Edelsteinen, Quelle: klingende Stäbe (erst tiefe, dann hohe Töne), Regenholz*

Das Mädchen trug den Krug ins Freie und das Wasser lief über das dürre Land. Viele Bäche ergossen sich über die Erde, und überall, wohin sie flossen, grünte es. Die Gräser und Blumen sprießten. Die Bäume streckten ihre Äste empor. Die Tiere kamen und löschten ihren Durst. Die Menschen füllten ihre Krüge, tranken sich satt und freuten sich. Die Erde war ein wunderbarer Garten.

*Wir spielen Wachsen und Blühen, Schöpfen und Trinken.*
*Bäche: Metallophon (glissando), Xylophon (Tonleiter auf und ab)*
*Garten: nacheinander stimmen alle Instrumente ein*

Dann wurde es Nacht. Alles war ruhig und still, nur das Wasser hörte man fließen. Im Schlaf träumte das Mädchen, dass die Quellen und Bäche sogar über die Erde hinausflossen in den weiten Himmelsraum. Und es sah, wie aus jeder Quelle ein Stern emporstieg. Aus den leuchtenden Sternen entstand ein Sternbild, das den Menschen Gutes verheißt:
»Die Liebe macht die Erde schön. Sie kann Vertrocknetes zum Leben erwecken.«

*Wir spielen das Leuchten und Funkeln der Sterne am Himmel. Wir gestalten unsere Wüste in der Mitte als Garten mit Tüchern, Zweigen, Blüten und Legematerial. Wir legen Sterne hinein.*
*Stern: Schellenband oder Glöckchen*
*Garten: alle Instrumente stimmen langsam ein*

## *Gebet*

*Wir halten unsere Hände wie eine Schale, die gefüllt werden kann, oder wie einen Krug, der noch leer ist.*

Guter Gott,
du bist unser Vater.
Wir haben leere Hände.
Wir sind durstig nach Wasser – jeden Tag, damit wir leben können.
Aber wir brauchen die Sonne,
wir brauchen die Luft.
Wir brauchen auch gute Menschen und Freunde,
damit wir leben können.
Wir brauchen auch Jesus.
Du hast ihn uns geschenkt.
Er gibt das Wasser des Lebens.
Er gibt uns Kraft, damit wir gut sind zueinander,
damit wir miteinander leben und eins sind.
Die Kinder schließen den Kreis.
Wir dürfen sein wie ein großer Brunnen,
und Jesus ist in unserer Mitte.
Dank sei dir, guter Gott.

## *Lied: Wo ein Mensch Vertrauen gibt* (Tr 705 bzw. LJ 651)

## *Materialliste*

Material für die Gestaltung der Wüste: braune und sandfarbene Tücher, Sand, Steine, trockenes Holz, Dornen usw.
Naturmaterialien für die Geräusche der Wüste: Steine zum Aneinanderklopfen, Sand zum Rieseln, trockenes Holz zur Erzeugung von Knackgeräuschen, Papier
Material zur Gestaltung des Gartens: grüne, braune, gelbe und verschiedene andere farbige Tücher, Legematerial, immergrüne Zweige oder Ranken, Blüten, Sterne
Größere Schale mit Wasser
Gefäß zum Schöpfen
Krug

Materialien für die Sinnesspiele (siehe im Text, nach Bedarf auswählen)
Orffsche Instrumente (soweit vorhanden): Becken, Zimbeln, Glockenspiel, Xylophon, klingende Stäbe, Tambourin, Rassel, Holzblocktrommel, Klanghölzer, Wooden Agagos, kleine Zimbeln, Triangel, Regenholz, Metallophon, Glöckchen, Schellen etc.
Kassettenrecorder
Kassette: Wolfgang Poeplau, Ludger Edelkötter: »Komm mit zur Quelle« aus dem Impulse Musikverlag

# 8) Mit Jesus das Leben finden

Was der blinde Bartimäus erlebte

## *Begrüßung*

Liebe Kinder, ihr seid heute alle wieder hierher gekommen, um miteinander Gottesdienst zu feiern. Deshalb seid ihr alle herausgekommen aus euren Häusern, weg von eurer Familie hierher in den Kreis. Wir denken jetzt nochmals an unser Zuhause, wo wir wohnen. Dazu legen wir mit einem Tuch, das ihr euch selbst aussuchen dürft, unser eigenes Zuhause.

*Kinder legen innerhalb des Stuhlkreises mit einem Tuch ihr Zuhause. Die Mitte bleibt dabei frei. Dann schmücken wir unser Haus noch mit Legematerial aus.*

Wenn ihr jetzt die Häuser anschaut, die da im Kreis gelegt sind, dann erinnern sie euch bestimmt an etwas: Stadt, Dorf, Siedlung *(Kinder benennen lassen).*
Wenn ihr an die Menschen denkt, die in diesen Häusern wohnen, dann fallen euch bestimmt viele Dinge ein, die diese Menschen jeden Tag tun: Aufstehen, arbeiten, zur Schule gehen, ins Bett gehen, lachen, weinen, sich freuen, trösten, helfen.

*Kinder erzählen lassen, was die Menschen in der Stadt so alles tun.* Davon können wir auch in einem Lied singen.

## *Lied: Ich freu mich, dass ich leben darf*

*T u. M: Franz Kett*

*Aus: Religionspädagogische Praxis, Jhg. 1990, Nr. III »Es liegt ein Lied in allen Dingen« S. 63.*

2. Dass meine Augen sehen können, meine Ohren hören; dass ich riechen, schmecken kann, mit meinen Händen greifen.

3. Dass ich lachen, weinen kann und laut vor Freude singen;
dass ich, wenn ich traurig bin, werd' wieder guter Dinge.

4. Dass meine Lippen reden können und mein Herz kann fühlen;
   dass ich helfen, trösten kann und andre Menschen lieben.

*Text vorsprechen, die entsprechenden Gesten vorzeigen; dann gemeinsam singen und mit Gesten begleiten:*

### *Tanzanleitung*

Refrain: Ich freu mich, dass ich leben darf, dass man mir Leben schenkte – *in die Hocke gehen, aus der Hocke langsam hochgehen und Hände nach oben ausstrecken*
Refrain: Für all dies woll'n wir unserm Gott unser Danke sagen – *sich zu zweit anfassen und um sich selber drehen*
Strophe 1: Dass ich tanzen, springen kann – *sich im Kreis fassen und nach rechts gehen*
und überall wohin ich will – *sich im Kreis fassen und nach links gehen*
Strophe 2: Dass meine Augen sehen können – *wir machen entsprechende Gesten*
Strophe 3: Dass ich lachen, weinen kann – *im Kreis gefasst nach rechts gehen, dann Hüpfschritt*
dass ich, wenn ich traurig bin – *im Kreis gefasst nach links gehen, dann Hüpfschritt*
Strophe 4: Dass meine Lippen reden können – *mit den Armen Geste des Sich-Öffnens machen, dann die Arme über der Brust kreuzen*
dass ich helfen, trösten kann – *die Hände ausstrecken, sich dem anderen zuwenden und ihm die Hände auf die Schultern legen*

Wir haben jetzt davon gesungen und getanzt, wie die Menschen in ihren Häusern, in der Stadt leben. Sicher könnt ihr mir auch sagen, wo sich in der Stadt die Menschen treffen, wo sie miteinander reden, einkaufen, feiern, singen und tanzen? *(Kinder benennen lassen)*

Wir sagen auch, das ist das Zentrum, die Stadtmitte, das ist dort, wo Menschen sich begegnen, wo es lebendig ist mit all dem, was die Menschen tun.

## *Erzählung*

*Nach Lk 18,35–43*

Heute will ich euch eine Geschichte erzählen, die spielt auch in einer Stadt. Es ist die Stadt Jericho. Wir gehen alle in diese Stadt hinein.

*Kinder gehen zwischen den Häusern umher.*

Wir treffen uns in der Mitte der Stadt, vielleicht auf dem Marktplatz. Dort sehen wir einen Brunnen mit frischem, kühlem Wasser.

*Kinder legen mit einem Reifen (oder mit Steinen) einen Brunnen in der Mitte. Wir spielen das Leben in der Stadt nach: Menschen treffen und begrüßen sich*

## *Liedruf: Hallo, hallo, schön dass du da bist*

*Rechte unbekannt*

*Kinder tanzen zu diesem Liedruf.*
*Wir kaufen uns eine Orange, schälen und essen sie. Wir genießen den süßen Saft.*
*Wir holen Wasser aus dem Brunnen, mitten in der Stadt. Wir trinken von dem Wasser. Wir spritzen uns gegenseitig an.*
*Wir spielen Frauen, die ihre Wasserkrüge am Brunnen auffüllen und gehen zwischen den Häusern hindurch zu unseren Stühlen zurück.*

Innerhalb der Stadt ist Leben. Es gibt frisches Wasser, es gibt Nahrung. Die Menschen begegnen sich in der Stadt und freuen sich. Das Leben in der Stadt ist bunt und schön. Daran wollen wir jetzt denken und Zeichen in die Mitte stellen, die uns an dieses Leben erinnern.

*Kinder legen einen Steinkreis mit Tüchern aus und stellen einen Krug mit Wasser hinein.*
*Wir stellen einen Korb mit Brot und eine Schale mit Obst hinein als Zeichen für Nahrung und dafür, dass es den Menschen gut geht. Als Zeichen der Freude stellen wir Blumen in den Steinkreis.*

Wir haben jetzt vom Leben in der Stadt gehört und gespielt. Die Menschen wollen, dass niemand dieses schöne und gute Leben stört, dass nichts Unheiles, nichts Böses in die Stadt hineinkommt. Deshalb haben sie um die Stadt eine Mauer gebaut.

*Kinder legen mit dunklen Tüchern eine Mauer. Sie stellen sich nebeneinander und bilden eine lebendige Mauer, mit abweisenden Gesten nach außen.*

Diese Mauer hat auch ein Tor. Die Menschen in der Stadt können es verschließen und das Dunkle, das Unheile, das Böse aussperren. Sie können das hereinlassen, was ihnen gefällt, was zum hellen Leben in der Stadt passt.

*Kinder legen mit einem Seil ein Tor an die Stadtmauer. Immer zwei Kinder spielen ein Tor, das sich öffnet und wieder verschließt.*

Draußen vor der Stadtmauer ist die Hitze der Sonne. Die Steine sind glühend heiß. Der Boden ist voller Sand, ohne Leben. Die Blumen sind vertrocknet. Es wachsen Dornen.

*Kinder breiten vor der Stadt ein braunes Tuch aus und legen Steine darauf sowie eine Schale mit Sand und Dornen.*

Draußen vor der Stadt, vor diesem Tor, da sitzt einer. Der kann nicht so leben wie die Menschen in der Stadt. Deshalb will ihn niemand bei sich in der Stadt haben. Er hat kein Haus. Er kann nicht zum Brunnen gehen und nicht mit den anderen reden, tanzen und feiern. Er sitzt am Boden. Er ist traurig, einsam, allein und ausgeschlossen.

*Kinder kauern auf dem Boden, gekrümmt, belastet, eingezogen.*
*Kinder machen die Augen zu, legen die Hände darauf und*

*spüren so die Dunkelheit, die Nacht, eine Nacht ohne jedes Licht.*

Wir können unsere Hände wieder wegnehmen, unsere Augen aufmachen und all das Schöne in unserer Mitte, in unserer Stadt, um uns herum sehen. Der da vor dem Tor sitzt, sieht das alles nicht. Er kann niemanden sehen und ihm sieht niemand ins Gesicht, niemand blickt ihm in die Augen. Denn er ist blind.
Er streckt die Hände aus. Er streckt sie den Menschen entgegen.

*Kinder strecken ihre Hände geöffnet nach oben.*
*Kinder benennen, was diese Hände ausdrücken.*

Seine Hände sagen: Ich habe Hunger, ich bin allein und einsam. Ich habe Angst, ich bin traurig, ich bin im Dunkeln. Gib mir doch Brot. Ich möchte mit euch zusammen leben. Auch ich möchte froh sein und tanzen. Wer gibt mir Mut, wer führt mich zum Licht?

*Kinder nehmen die Hände wieder herunter.*

Manche Menschen legen ihm Brot in die Hände. Manche schütteln dem Bartimäus, so heißt der Blinde nämlich, die Hand, bevor sie weitergehen. Viele aber übersehen die bittenden Hände. Ihre Augen können zwar sehen, aber ihr Herz ist blind für die Not des Bartimäus. Andere gehen achtlos vorbei, sie haben keine Zeit, um sich mit anderen zu freuen und mit anderen zu leiden. Einige legen sogar einen Stein in die Hand des Bartimäus.

*L legt jedem Kind einen Stein in die ausgestreckte Hand.*
*Kinder haben dabei die Augen geschlossen.*

Ihr Herz ist wie aus Stein, ihre Augen sehen nur sich selbst. Sie können nicht mit anderen fühlen. Sie haben kein Mitleid. Oft lässt Bartimäus den Kopf hängen. Er ist niedergedrückt, niedergeschlagen, ausgestoßen. Es ist dunkel vor seinen Augen und dunkel in seinem Herzen. Er will gar nicht mehr sehen und auch nichts mehr hören, er ist traurig und mutlos.

*Kinder legen den Stein wieder weg.*

## *Lied: Blinder Bartimäus*

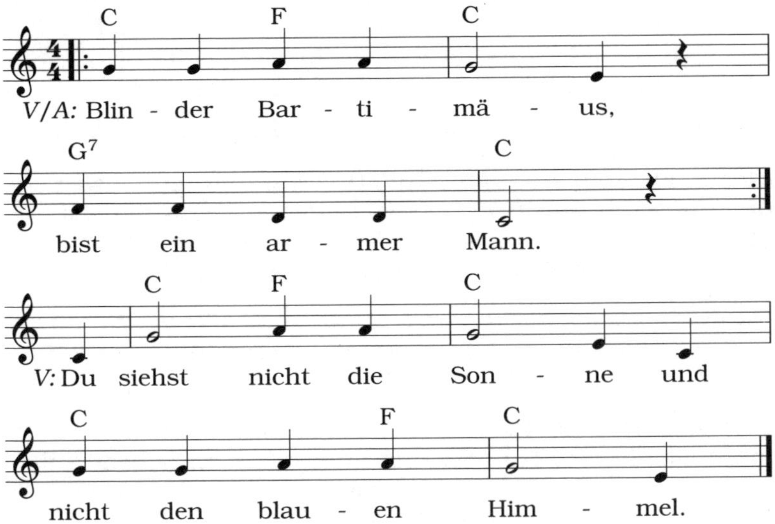


*T und M: Franz Kett*

*Aus: Religionspädagogische Praxis, Jhg. 1981, Nr. I »Mit Jesus leben«, S. 32.*



A: Blinder Bartimäus, bist ein armer Mann.
V: Du siehst nicht die Blumen und auch nicht die Tiere.
A: Blinder Bartimäus, bist ein armer Mann.
V: Du siehst nicht die Mutter und auch nicht den Vater.
A: Blinder Bartimäus, bist ein armer Mann.

Doch eines Tages hört Bartimäus die Leute reden: »Heute kommt Jesus in die Stadt, der Mann aus Nazareth; der Mann, den Gott geschickt hat. Jesus, der Licht und Leben zu den Menschen bringen will.«

*Kinder entzünden die Jesuskerze und stellen sie vor das Tor. Ein Bild von Jesus wird dazugelegt.*

Bartimäus atmet tief auf. Er lebt auf. Er fängt wieder an zu hoffen. Er denkt: Dieser Jesus kann mir helfen. Ich will nach Jesus rufen, nach ihm schreien.

*Kinder äußern, was Bartimäus rufen wird. Die einzelnen Vorschläge der Kinder werden von allen gemeinsam wiederholt, z. B.: »Jesus hilf mir! Jesus, lass mich sehen!«*

Die Leute sagen: Jetzt schreit er schon wieder, dieser

Schreihals! Sie sagen zu ihm: »Sei still! Du hast nichts zu sagen. Du bringst alles durcheinander. Du mit deinem Geschrei störst uns.« Bartimäus aber weiß, dass nur Jesus ihm helfen kann. Deshalb schreit er seine ganze Not hinaus: »Jesus, hilf mir!«, ruft er noch viel lauter.

*Kinder rufen nochmals, jetzt lauter als vorher.*

Jesus hört den Ruf des Blinden. Er hat ein gutes Ohr für die, die nach ihm rufen. Er hat ein Herz, das die Not der Menschen sieht. Jesus hat Zeit, um mit den Menschen zu leiden und sich mit ihnen zu freuen.

*Die Kinder lassen die Augen zufallen. L hält die Kerze vor die verschlossenen Augen jedes Kindes. Wer Licht und Wärme verspürt, öffnet die Augen.*

Jesus rührt den Bartimäus an. Er sieht ihn an. Bartimäus sieht auf Jesus. Er folgt ihm nach. Er geht mit ihm in die Stadt hinein, mitten hinein unter die Menschen. Er wirft seinen Mantel weg. Er muss sich jetzt nicht mehr schützen, nicht mehr abschirmen. Jesus führt ihn mitten unter die Menschen. Diese nehmen ihn auf.

### *Liedruf: Hallo, hallo, schön, dass du da bist*

*Kinder begrüßen Bartimäus: Sie tragen in einer Prozession das Jesusbild, die Jesuskerze und alle Dinge, die draußen vor der Stadt liegen, um die Stadt herum und hinein in die Mitte der Stadt. Sie stellen sich mit den Gegenständen um die Mitte herum auf. Ein Kind stellt die Jesuskerze in die Mitte.*

*L spricht:* Das Licht leuchtet in unserer Mitte. Es erinnert uns an Jesus. Jesus will in unserer Mitte sein.

*L singt den Liedruf vor, dann wiederholen ihn alle.*

## Liedruf: Jesus ist in unserer Mitte, wir rufen ihn an!

*T und M: Franz Mitterreiter*

*Aus: Religionspädagogische Praxis, Jhg. 1990, Nr. II »Herr, wo wohnst du?«, S. 10.*



*Kind legt Jesusbild in die Mitte*

*L spricht:* Guter Jesus, komm zu uns.
Wir öffnen dir unseren Kreis
Wir bereiten dir unser Herz

## Liedruf: Jesus ist in unserer Mitte, wir schauen ihn an!

*Kind legt braunes Tuch in die Mitte*

*L spricht:* Guter Jesus, kommt zu uns in die Mitte.
Öffne unsere Augen für die Menschen,
die traurig, alleine, krank oder mutlos sind,
damit wir sehen, was sie brauchen
und ihnen helfen und nicht unsere Augen vor ihrer Not verschließen.

## Liedruf: Jesus ist in unserer Mitte, wir beten ihn an!

*Kind stellt Schale mit Sand in die Mitte*

*L spricht:* Guter Jesus, bleib bei uns,
wenn du in unserer Mitte bist,
dann haben wir Zeit füreinander,
um miteinander Schönes zu entdecken
und uns daran zu freuen.

***Liedruf: Jesus ist in unserer Mitte, wir hören ihn an!***

*Kinder legen Steine und Dornen in die Mitte*

*L spricht:* Guter Jesus, bleib bei uns,
wenn du in unserem Herzen wohnst,
dann ist unser Herz nicht hart wie Stein,
sondern wir können mit anderen Menschen
weinen und lachen, wir können andere
trösten und mit ihnen feiern.

***Liedruf: Jesus ist in unserer Mitte, wir glauben an ihn!***

Jesus ist jetzt mitten unter uns. Aber nicht nur in der Mitte unseres Kreises, in der Mitte unserer Stadt. Jesus ist auch bei jedem von uns zu Hause. Er geht mit in unsere Häuser. Ja, er wohnt sogar in uns selbst. Er ist unsere Mitte.

*Als Zeichen dafür legen wir Strahlen von der Mitte nach außen.*

*Wir verbinden diese Strahlen mit unseren Häusern und die Häuser untereinander mit goldenen Streifen. Dann darf jedes Kind ein Teelicht an der Jesuskerze entzünden und in sein Haus stellen (evtl. Häuser aus Tonpapier mit Transparentfenstern auf jedes Tuch stellen und das Teelicht hineinstellen).*
*Die Kinder stellen sich um die Häuser zu dritt auf. Sie singen und tanzen.*

## *Lied: Ich lade dich ganz herzlich ein*

*T: Rolf Krenzer*
*M: Inge Lotz*

*Aus: Ein Strumpf gehört an jedes Bein.*

*Alle Rechte beim Ernst Kaufmann Verlag, Lahr*

2. Der Himmel ist hoch über uns
   und hier bei uns zu Haus.
   Gott ist bei dir, Gott ist bei mir,
   drum ruh' dich bei mir aus.

### *Spielanregung*

Zwei stellen ein Haus dar. Sie stehen sich gegenüber und halten sich an den Händen. Ein dritter Mitspieler kommt in das Haus hinein, wird von den beiden anderen festgehalten und leicht zur Musik geschaukelt. Dabei schließen alle die Augen, so dass sich das Geborgensein erfahren lässt. Im Spielkreis können viele Häuser entstehen. Nach der ersten Strophe wechselt man zum nächsten Haus und lässt sich dort wieder schaukeln.

### *Materialliste*

Für jedes Kind ein farbiges Tuch
Legematerial
Steine, um den Brunnen zu legen (oder einen Reifen)
farbige Tücher für die Gestaltung der Mitte
Krug mit Wasser
Korb mit Brot
Obstschale
Blumenstrauß

dunkle Tücher
Seile, um ein Tor zu legen
braunes Tuch für die Wüste
große Steine
Schale mit Sand
Dornen
Jesuskerze und Streichhölzer
Stoffbänder für die Sonnenstrahlen
goldene Streifen
Teelichte für jedes Kind
evtl. Häuser aus Tonpapier mit Transparentfenstern

# 9) Das Fest des Lebens

## *Vorbereitung*

Gestaltung der Mitte mit (Schaukel-)Stuhl, Decke, Mantel, Stock, Hut, Brille.

## *Begrüßung*

Guten Morgen, liebe Kinder und liebe Eltern. Im Kreis wollen wir heute wieder mit unserem Gottesdienst beginnen. In unserer Mitte sieht es aber anders aus als sonst: ein Stuhl steht da, eine Decke usw. Was wir gewohnt sind, fehlt heute: die Kerze, Blumen, bunte Tücher, schöne Sachen. Ihr könnt die Augen zumachen, euch die schönen Dinge vorstellen und ich spiele (oder summe) euch dazu eine Melodie auf der Flöte.

## *Lied: Ich hänge meine Träume*

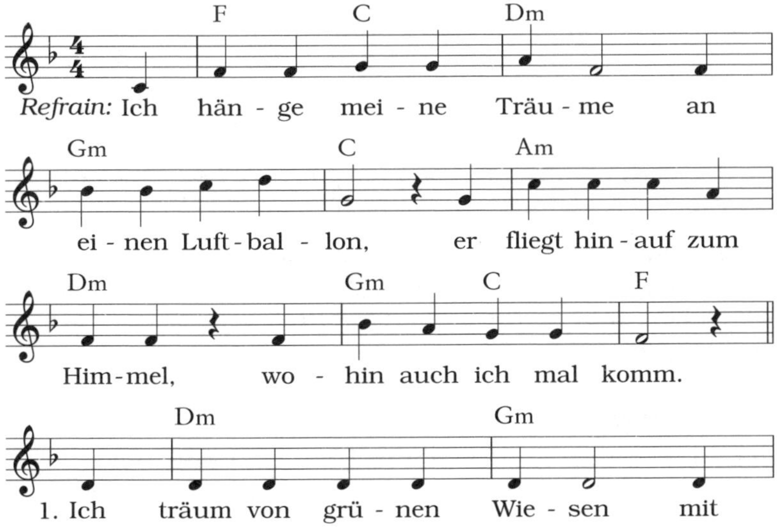


*T: Peter Boekholt*
*M: Reinhard Horn*

*Aus: Buch incl. CD »Gottes-Kinder-Lieder«. Rechte beim Kontakte Musikverlag, 59577 Lippstadt. Die Strophen sind nur in einer Auswahl abgedruckt.*

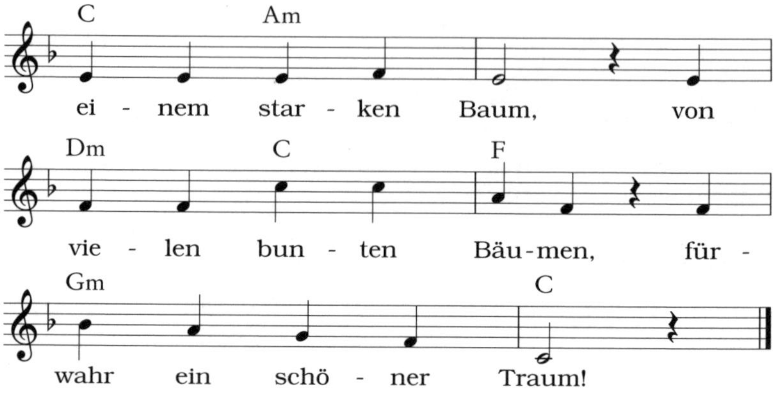


3. Ich träum' von lieben Menschen, die immer bei mir sind,
   von Mutter und von Vater – ein Traum für jedes Kind.

Refrain: Ich hänge meine Träume ...

4. Ich träum' von einer Zukunft, in der ich leben kann,
   von tausend schönen Dingen – ein Ziel für jedermann.

Refrain: Ich hänge meine Träume ...

*Vorspielen, vorsingen oder evtl. die Strophen miteinander lernen (je nach Gruppe).*

In der Geschichte, die wir heute hören und spielen, hat ein alter Mann einen seltsamen Traum.

*Zuerst darf sich ein Kind mit den Sachen, die in der Mitte liegen, als alter Mann verkleiden, wie ein alter Mann herumgehen und dann auf den Stuhl setzen und in die Decke einhüllen.*

## Erzählung

*Aus: Erich Jooß, Weißt du, dass die Sterne singen? Verlag Herder, Freiburg 2000*

Johannes war ein alter Mann. Er konnte nur noch mühsam gehen. Am liebsten saß er in seinem Schaukelstuhl vor dem großen Haus.

*Einige Kinder spielen ein Haus.*

Das Haus war von einer Mauer umgeben, die hoch in den Himmel ragte. Sie hielt alles fern, was den alten Mann störte. Denn Johannes wollte niemanden sehen. Jeden Tag saß er im Schatten der Mauer. Wenn er fror, wickelte er sich in seinen Mantel.

*Einige Kinder umgeben Johannes und das Haus mit einem dichten Kreis wie eine Mauer.*

Auch an diesem Tag merkte er, dass es kalt wurde. Die Sonne hatte sich wieder einmal hinter der Mauer versteckt, und der Himmel sah so zerbrechlich aus wie Glas. Johannes kroch tiefer in den Mantel. Die Bewegungen des Schaukelstuhls machten ihn müde. Bald war er eingeschlafen und träumte einen seltsamen Traum.
Ein roter Ball flog über die Mauer. Der Ball hüpfte einmal, zweimal, dreimal auf dem Pflaster des Hofes. Er rollte bis zum Schaukelstuhl.

*Das Haus und die Mauerkinder gehen wieder an ihren Platz.*

### *Ballspiel*

*Ich will mit euch noch eine Weile mit dem roten Ball spielen: 3 x prellen, dann den Ball einem Kind aus dem Kreis zuwerfen und sich auf seinen Stuhl setzen. Das Kind mit dem Ball wiederholt das Spiel usw.*

Als Johannes sich bücken wollte, knarrte die Tür in der Mauer, und ein Mädchen streckte den Kopf herein. »Wo ist mein Ball?«, fragte es.
Der Mann wunderte sich. »Die Tür war doch verschlossen«, sagte er. »Ich habe sie zugesperrt. Den Schlüssel habe ich weggeworfen.«
Für einen Augenblick vergaß Johannes den roten Ball. Er starrte das Mädchen an. Klein und dünn stand es vor ihm und zitterte in seinem Sommerkleid.
»Hier ist es so kalt«, klagte das Mädchen. Es schaute sich um. Erst jetzt fiel dem alten Mann auf, dass der Hof vor dem Haus traurig und leer war. Zwischen den Steinen wuchs kein Grashalm; der einzige Baum ließ seine Äste hängen.

Johannes zog den Mantel aus. »Nimm ihn«, sagte er zu dem Mädchen. Da lächelte es und drehte den Ball, den es aufgehoben hatte, in seinen Händen.

*Der »alte Mann« zieht den Mantel aus und legt ihn in die Mitte.*

Erstaunt sah der alte Mann, dass sich alles um ihn veränderte: Der Baum, der so kümmerlich an der Mauer lehnte, begann zu blühen. Im warmen Wind schaukelten Schmetterlinge. Die Vögel sangen, und es duftete nach Harz und wilden Kräutern.

*Die Mitte wird bunt, aus dem geschenkten Mantel entsteht neues Leben: Wir benutzen Legematerial, um einen blühenden Baum, Schmetterlinge und Vögel darzustellen. Es können auch Duftöle oder wilde Kräuter bzw. harzige Zweige verwendet werden.*

Der alte Mann wusste nicht, wie ihm geschah.
»Woher kommst du?«, fragte er das Mädchen. »Bist du eine Zauberin?« Aber das Mädchen schüttelte nur den Kopf und schwieg. Behutsam drehte es den Ball ein zweites Mal. Da ging die Tür erneut auf, und Kinder, viele Kinder drängten herein. Sie spielten miteinander. Sie lachten und tanzten, versteckten sich hinter Büschen und kletterten auf den Baum.

## Lied: Siehst du, wie ich lachen kann

*T und M: Detlev Jöcker*

*Aus: Buch, MC, CD: Elefantis Liederwiese.*



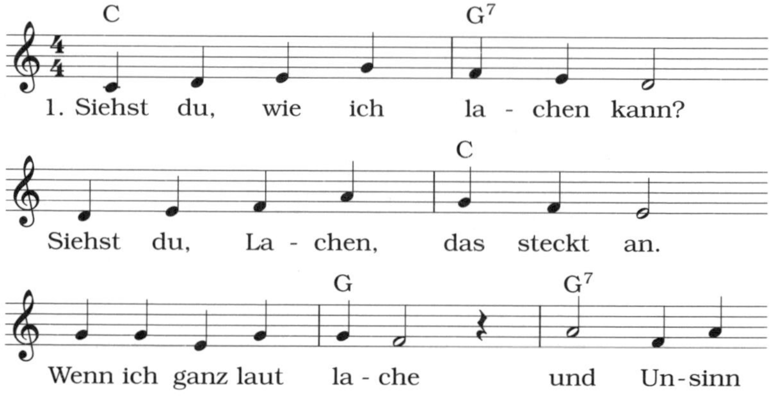

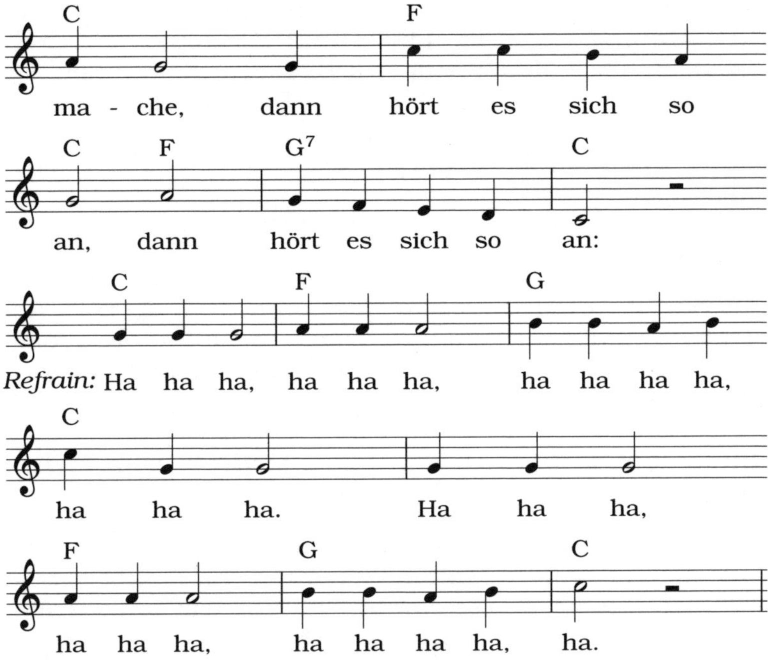


3. Siehst du, wie ich kichern kann?
   Siehst du, kichern, das steckt an!
   Sieh nur her, ich stecke unter der Decke,
   dann hört es sich so an: Hihihi ...

4. Siehst du, wie ich schmunzeln kann?
   Siehst du, schmunzeln, das steckt an!
   Wenn wir alle schmunzeln, kriegt keiner Runzeln.
   Dann hört es sich so an: Hmhmhm ...

Früher hätte Johannes geschimpft. Er hätte die Kinder aus dem Garten verjagt. Jetzt freute er sich über ihren Lärm. In seinen Ohren klang es wie Musik. Noch immer stand das Mädchen vor dem alten Mann. Es deutete auf die Mauer. »Ich mag diese Mauer nicht«, sagte es und stampfte mit dem Fuß. Dann rief es die Kinder herbei. Das Mädchen redete mit ihnen in einer Sprache, die Johannes nicht verstand. Er hatte sie nie zuvor gehört.

Eilig verließen die Kinder den Garten. Als sie wieder zurückkehrten, trugen sie Pinsel und Farbtöpfe. »Wir wollen, dass diese Mauer bunt wird«, sagten die Kinder. Sie malten eine Sonne auf die grauen Steine. Sie malten einen Berg und einen See. In der Tiefe des Sees lebte ein großer Fisch. Über dem Wasser schwebte ein Fesselballon.

### *Malen*

*Die Kinder erhalten »Steine« aus grauem Tonpapier, auf denen sie die »Mauer bunt anmalen«. Sie legen die bemalten Steine als bunte Mauer um den Stuhl und gestalten so eine bunte Mitte.*

### *Spiel: Wir steigen in den Fesselballon (vom Platz aus)*

*L spricht:* Siehst du den kleinen roten Punkt am Himmel? Jetzt kommt er näher und näher. Ja, er ist es. Unser Fesselballon. Heute dürfen wir mitfahren. Wir winken ihm zu. Er soll bloß nicht an uns vorbeifliegen. Wir müssen stärker winken. Ja, mehr, mehr. Wir jubeln ihm zu, ja feste winken und jubeln. Siehst du, jetzt ist er schon ganz nah. Er verliert an Höhe, kommt näher und näher. Juhu, jetzt ist er gelandet. Schnell, wir springen zu der Landestelle. Vorsichtig steigen wir ein. Wir halten uns fest. Gleich geht es los. Oh, wie das ruckelt. Er hebt ab.
Wir schaukeln. Festhalten, damit wir das Gleichgewicht nicht verlieren. Ja, ist das schön. Wir schweben. Wir fliegen. Wir strecken unsere Hände aus, spüren die Luftbewegung. Siehst du dort unten die kleinen Punkte. Das sind unsere Freunde, die uns zuschauen. Wir rufen ihnen zu: Hallo, könnt ihr uns sehen. Wir winken, wir jubeln ihnen zu. Hallo, wir fliegen, könnt ihr uns sehen. Unser Ballon fliegt weiter. Da, der große Vogel. Er kommt direkt auf uns zu. Wir ducken uns, machen uns ganz klein. Puh, jetzt ist er vorbei. Hat der einen Wind gemacht. Aber was ist das, der Ballon verliert an Höhe. Das ruckelt. Festhalten. Und unser Ballon sinkt und sinkt. Wir schlucken feste, gegen den Druck in den Ohren. Und

jetzt: Vorsicht, unser Ballon setzt auf. Wir werden durcheinander geschüttelt. Er hüpft auf, nochmals und nochmals. Das macht Spaß. Er bewegt sich hin und her und hin und her. Dann immer weniger und jetzt steht er ganz still. Wir steigen aus. Vor uns liegt unser Ballon ganz still, ganz unbeweglich. Wir setzen uns auf unseren Stuhl und werden so still wie unser Ballon. Alles ganz still.

Der alte Mann war noch nie in einem Ballon geflogen. Er stellte sich vor, wie schön das wäre. Vielleicht würde sogar das Mädchen mit ihm fliegen. »Gefällt dir das Bild?«, fragte es. Als Johannes nickte, drehte es den Ball ein drittes Mal.

*Schon drei Mal hat das Mädchen den Ball in seiner Hand gedreht und jedes Mal hat sich etwas verändert:*

- *Der Baum blühte, Schmetterlinge tanzten, Vögel sangen, es duftete ...*
- *Kinder kamen und spielten.*
- *Wir drehen den Ball von einem Kind zum andern und sind gespannt, was dann geschieht!*

*L winkt jeweils ein Kind zu sich und flüstert ihm zu:* »Lass zwei (oder mehr) Steine unter deinen Stuhl verschwinden! *Das geht so lange, bis die ganze Mauer weg ist.*

Die Mauer war verschwunden. Johannes saß am Ufer des Sees. Er schaute auf die Wellen, die sich mit dem Wind bewegten. Sie trugen weiße Schaumkronen. Manchmal gluckste und brodelte es, und der große Fisch hob seinen Kopf über das Wasser. Dabei öffnete er den Mund, als wollte er singen.

*Wir spielen die Wellen, die Johannes vom Ufer aus sieht, und die weißen Schaumkronen. Dazu lassen wir Wattebällchen auf einem blauen Tuch tanzen. Es kann dazu evtl. eine entsprechende Musik aufgelegt werden. Die Kinder sollen darauf achten, dass die Wattebällchen möglichst auf dem Tuch bleiben.*

*Vielleicht kann in die Aufmerksamkeit hinein ein Gebet gesprochen werden:*

### *Gebet*

Guter Gott,
du schenkst uns eine bunte Welt voller Überraschungen
– jeden Tag auf's Neue.
Wenn wir uns davon erzählen,
können wir viel voneinander kennen lernen.
Wenn wir einander einladen,
können wir gemeinsam spielen und Träume ausmalen.
Lass manchen Traum Wirklichkeit werden.
Lass die grauen und hohen Mauern,
die wir manchmal im Herzen tragen,
aufbrechen, dass unsere Träume weit werden
wie das Meer und hoch wie der Himmel.
Amen.

*Die blauen Tücher werden abgelegt, damit wir hören können, wie es dem alten Mann weiter ergeht. Die Kinder sitzen wieder im Stuhlkreis.*

Plötzlich ertönte ein Rauschen in der Luft. Der Fesselballon sank immer tiefer, bis er schließlich landete. Aus dem Korb kletterte das kleine, dünne Mädchen.
»Wohin willst du?«, fragte es den alten Mann.
»Ich weiß nicht«, antwortete dieser, »vielleicht in das Land hinter dem Berg.«
»Dann komm mit«, sagte das Mädchen und streckte ihm eine Hand entgegen.

*Wenn das kleine Mädchen den alten Mann mitnimmt in das Land hinter den Bergen, können wir ihm noch Wünsche mit auf den Weg geben. Wir kennen ihn inzwischen ja recht gut und wissen, was er brauchen kann und was er mag.*
*Ein Kind darf stellvertretend für den alten Mann auf dem Stuhl in der Mitte sitzen. Wer einen Wunsch weiß, wirft dem »alten Mann« den Ball zu und sagt dazu seinen Wunsch. Dann wird der Ball an das nächste Kind weitergegeben, das noch einen Wunsch hat.*

Als Johannes nach der Hand griff, spürte er einen heftigen Windstoß. Er zuckte zusammen. Vor ihm stand die kahle Mauer. Der Hof lag einsam und dunkel. »Ich habe

geträumt«, dachte Johannes und war traurig. Mühsam erhob er sich aus seinem Schaukelstuhl.
»Wo ist der Schlüssel für die Tür?«, murmelte er. »Es wird Zeit, dass ich sie öffne.« In diesem Augenblick flog ein roter Ball über die Mauer. Der Ball hüpfte – einmal, zweimal, dreimal auf dem Pflaster. Er rollte bis vor die Füße des alten Mannes.

### *Lied: Ich hänge meine Träume*

Singen wir dem alten Mann und uns noch einmal das Lied vom Anfang: Ich hänge meine Träume ...

### *Materialliste*

Stuhl (wenn vorhanden Schaukelstuhl)
Decke, Mantel (der einem Kind passt), Stock, Hut, Brille
Flöte (oder ein anderes Instrument)
roter Ball
Legematerial
Düfte, Kräuter, Öl, evtl. harzige Zweige
Steine aus grauem Tonpapier (ca. 20 × 30 cm ungleich zugeschnitten, so viele wie TN)
Wachsmalstifte
großes blaues Tuch oder mehrere kleinere für die Wellen
Wattebäusche für Schaumkronen
ruhige Musik (Wellengang)

# 10) Komm, wir wollen den Garten des Lebens suchen

Ein Ostergottesdienst

## *Vorbereitung*

Gestaltung der Mitte: ein großes, grünes Tuch; eine Kerze, verschlossene Papierblumen, Wasserschalen, einen großen Stein als Höhle (offen), blaue Bänder, offene Papierblumen. Zu Beginn des Gottesdienstes werden den Kindern deutlich lesbare Namensschilder angeheftet.

## *Begrüßung*

Wir freuen uns, dass wir heute wieder mit euch Kindergottesdienst feiern können. Wir sind hier in der Kirche, weil wir Gott immer wieder sagen wollen: Es ist gut, dass du da bist. Es ist gut, dass du jeden von uns lieb hast. Das wollen wir jetzt zu Beginn auch miteinander singen.

## *Lied: Ja, Gott hat alle Kinder lieb*

*T u. M: Margret Birkenfeld*

*Aus: Ja, Gott hat alle Kinder lieb. Rechte beim Musikverlag Klaus Gerth, 35614 Asslar. Es ist lediglich der Refrain des gleichnamigen Liedes abgedruckt.*

Wenn Gott jeden von uns lieb hat, gehören wir zusammen wie eine große Familie. Das können wir auch mit den Händen zeigen:

*Ein Kind nach dem anderen legt die offene rechte Hand auf den Schenkel des Nachbarn. Das Lied wird nochmals gesungen. In einem zweiten Durchgang legen die Kinder ihre linke Hand in die offene rechte Hand des linken Nachbarn.*

Jetzt sind wir miteinander verbunden. So können wir aufstehen, die Hände hochhalten und zu einem engen Kreis zusammengehen. Nun gehen wir in die Hocke und senken die Hände.
Jetzt sieht es aus, wie wenn unser Garten hier in der Mitte einen schönen Zaun bekommen hätte. Es ist ein lebendiger Zaun: Wir können ihn nun wieder öffnen und zurück auf unsere Stühle gehen.

## *Erzählung*

*Nach Joh 20, 11–18*

*Die Erzählung* kann mit biblischen Erzählfiguren (z. B. Egli-Figuren) gestaltet werden.

*Die Figur der Maria wird vorgezeigt.*

Heute kommt eine Frau in unseren Garten.
Was sie wohl im Garten tun will?
*Kinder äußern sich*
Ich habe euch eine Musik mitgebracht. Sie will euch erzählen, wie die Frau in den Garten geht. Vielleicht könnt ihr das am Klang der Melodie erkennen?

*Die Figur wird in dieser Haltung aufgestellt.*

*Es wird eine traurige Musik gespielt. Einige Kinder werden aufgefordert, zur Musik herumzugehen. Danach äußern die Kinder ihre Meinung: Welches Kind hat dir am deutlichsten gezeigt, was die Musik erzählt? Das Kind zeigt die Haltung noch einmal vor.*

Ja, heute war wirklich ein trauriger Tag für Maria von Magdala. Obwohl die Blumen blühen und die Vögel singen, der Bach plätschert und die Sonne scheint: Maria kann es gar nicht sehen und hören. Sie hört in ihrem Herzen nur eine traurige Melodie.

*Die Melodie wird wiederholt. Dazu wird gesprochen:*

Als Jesus gestorben war, strahlt in der Nacht kein Stern.
Vorbei war alle Freude. Da weinten alle Leute.
Sie weinten um den Herrn.
Vorbei war alle Freude. Da weinten alle Leute.
Sie weinten um den Herrn.

Als Jesus gestorben war, da war die Welt so leer.
Die Großen und die Kleinen, die konnten nur noch weinen. Sie hatten ihn nicht mehr.
Die Großen und die Kleinen, die konnten nur noch weinen. Sie hatten ihn nicht mehr.

Es war so, wie wenn ein schwerer Stein auf ihrem Herzen liegen würde.

*Während der Text eventuell in Auszügen noch einmal gesprochen wird, wird ein schwerer Stein langsam von Hand zu Hand weitergegeben. Wir fühlen, wie schwer er ist, wie hart und kalt.*

*Maria wird ans Grab gestellt. Zwei Kerzen, evtl. mit Engelsflügeln dekoriert, dazustellen.*

Und wie Maria so in den Garten geht, da sagt sie immer wieder: »Wer nimmt mir bloß den schweren Stein ab?« Und als sie beim Grab von Jesus ankommt, sieht sie, dass der Stein, der Jesu Grab verschlossen hat, weggewälzt ist. Ihr Stein auf dem Herzen ist immer noch da. Sie will ins Grab hineinschauen. Sie muss sich noch mehr bücken. Sie weint und jammert. Sie kann keinen toten Jesus sehen. Und da sieht sie ein helles Licht! Engel!

Die Engel fragen: »Frau, was weinst du?«
Jetzt kann Maria sprechen: »Sie haben meinen Herrn weggenommen, und ich weiß nicht, wo sie ihn hingelegt haben!«

Manchmal geht es uns wie Maria:
Wir können nur in eine Richtung gucken.
Wir hören nur, was uns traurig macht.
Wir sagen nur, wer uns wehgetan hat.
Bis einer kommt und sagt:
Warum bist du so traurig, was fehlt dir?
Oder er sagt einfach nur unseren Namen.

## *Spiel*

*Einige Kinder setzen sich traurig auf den Boden. Wenn sie direkt hinter sich ihren Namen hören, sollen sie sich umdrehen. Ein Kind schenkt ihnen einen Edelstein in einer Sonne aus Tonpapier. Alle Kinder dürfen nacheinander dieses Spiel erleben.*
*Dann legen sie ihre Edelsteine im Garten ab und schmücken sie noch weiter aus.*

Da
Auch hinter Maria steht einer, der ruft: »Maria!«

*Jesus zu Maria stellen*

Und Maria dreht sich um und sagt: »Meister!«

*Maria umdrehen*

Jesus aber sagt: »Rühre mich nicht an! Halte mich nicht fest! Aber geh zu meinen Brüdern und sag ihnen: Ich gehe zu Gott, unserem Vater!«
Maria hört, was ihr Jesus sagt. Sie wird plötzlich froh und geht ganz anders weg, als sie gekommen ist. Sie kann wieder lebendig sein. Sie sieht wie wichtig und wertvoll sie jetzt für die Jünger ist. Sie muss es ihnen weitersagen: »Jesus lebt! Jesus ist bei Gott! Jesus ist auferstanden!«

*Diese Sätze werden in chorischem Sprechen von den Kindern mehrmals wiederholt.*

Maria sieht jetzt den Garten, wie er immer mehr erblüht und wie das Wasser alles lebendig macht.

*Die Blumen werden in die aufgestellten Wasserschalen gelegt.*

Wie Maria bitten wir, dass wir hören und sehen können, dass wir ein Herz füreinander haben und unsere Wege immer wieder neu gehen können.

## *Lied: Gib uns Ohren, die hören*

*T u. M: Berndt Schlaudt, 65528 Waldems-Esch*

### *Gebet*

Guter Gott,
es ist schön,
dass die Blumen blühen und die Vögel singen,
dass das Wasser plätschert und die Sonne scheint.
So können wir das Leben wahrnehmen und uns daran freuen.
Wir danken dir, dass Jesus lebt in den Geschichten,
die wir von ihm hören und in unseren Herzen.
Darum wollen wir jetzt singen:

### *Lied: Lobt den Herrn* (Tr 138)

### *Materialliste*

Biblische Erzählfiguren: Maria, Jesus
2 Kerzen, evtl. mit Engelsflügeln dekorieren
Kerze für den Garten, Streichhölzer
Blumen (evtl. aus Papier) für den Garten
Wasserschalen
Faltblumen
blaue Bänder für Wasserbäche
evtl. Vögel, Schnecken usw.

großes grünes Tuch
großer Stein, Tücher und Holzkiste für die Höhle
große Namensaufkleber
dicke Stifte
traurige Musik
je Kind eine Sonne aus Tonpapier
je ein Edelstein für jedes Kind

# 11) Was zum Menschsein gehört

(Die Geschichte vom bunten Vogel)

### *Begrüßung*

(Die Kinder sitzen im Stuhlkreis). Ich freue mich, dass wir wieder Kindergottesdienst feiern können. Wir feiern zusammen, weil Gott uns lieb hat und weil wir miteinander leben dürfen. Von unserem Fest wollen wir nun auch singen:

### *Lied: Wir feiern heut' ein Fest*

*T: Rolf Krenzer*
*M: Ludger Edelkötter*

*Aus: Wir feiern heut ein Fest (IMP 1022).*

2. Wir feiern heut' ein Fest
   und singen miteinander.
   Wir feiern heut' ein Fest,
   weil Gott uns alle liebt.

Refrain: Herein, herein ...

3. Wir feiern heut' ein Fest
   und danken für die Gaben.
   Wir feiern heut' ein Fest,
   weil Gott uns alle liebt.

Refrain: Herein, Herein ...

*Wir singen nur die erste Strophe und erfinden dann neue Strophen, zu denen wir die entsprechenden Bewegungen machen:*

Wir feiern heut ein Fest und klatschen in die Hände ...
Wir feiern heut ein Fest und stampfen mit den Füßen ...
Wir feiern heut ein Fest und tanzen miteinander ...
Wir feiern heut ein Fest und spielen miteinander ...

Unsere Geschichte führt uns heute in den Wald. Dort leben viele Tiere: der Hoppelhase, die blaue Meise, der Krabbelbär, die freche Fliege, ein bunter Falter und viele andere.
Ein Kind will ein Tier im Wald streicheln. Aber ihr wisst ja, dass das nicht so einfach ist. Deshalb helfen wir dem Kind und lernen zuerst einmal einen Streichelvers:

Hoppelhase, sitz ganz still,
weil ich dich nur streicheln will.
Lass mich nah an dich heran,
dass ich dich mal streicheln kann.
Wenn du sitzt, sitzt, sitzt,
ja, dann komm' ich schon!
Und dann flitzt, flitzt, flitzt
du ganz schnell davon.

*Wenn wir den Vers gut eingeübt haben, darf ein Kind das Streichelkind spielen und in der Kreismitte sitzen. Alle anderen bewegen sich als Waldtiere im Kreis. Wenn alle Kinder sprechen »ja, dann komm ich schon«, darf das Kind*

*in der Mitte losflitzen, um ein Tier zu streicheln. Gleichzeitig laufen aber alle Tiere davon und bringen sich auf den Stühlen in Sicherheit. Gelingt es dem Spieler ein Tier zu streicheln, darf er mit ihm die Rolle tauschen.*
*Wenn es ihm nicht gelingt, kommen alle Tiere zu ihm und lassen sich streicheln.*

*L spricht dazu:* Warum hält denn keiner still,
wenn ich nur mal streicheln will?
Warum lässt mich keiner ran,
dass ich nur mal streicheln kann?
Hock' ich leis mich nieder, lass ich all in Ruh,
kommen alle wieder und ich schaue zu.

In der nächsten Runde kann anstatt vom Hoppelhase von der blauen Meise usw. gesprochen werden.

*Wir wollen jetzt den Wald, von dem wir gesungen haben, in der Kreismitte durch einige grüne Tücher, die die Kinder wie Bäume aufstellen, andeuten. L legt in der Mitte des Waldes mit einem Bleiband in Umrissen einen Riesen und einen Zwerg aus.*

### *Erzählung*

*Aus: Max Bolliger, Der bunte Vogel. Mit Bildern von Jana Lenica. Bohem Press, Zürich 1986 (vergriffen).*

In unserem Wald lebten einmal ein Zwerg und ein Riese. Beide waren sehr alt. Sie waren von allen Riesen und Zwergen, die es je gab, die Letzten. Jeder der beiden fühlte sich sehr einsam.
Aber beide hatten einen ganz großen Wunsch: Ich will mich in einen Menschen verwandeln!

Ob ihnen das gelingen wird? Könnt ihr Vorschläge machen, wie man ein Mensch wird? (Z. B.: reden wie ein Mensch, spielen wie ein Mensch, singen und tanzen usw.) Ob sich ein Menschenlied eignet, um Mensch zu werden?

## *Lied: Ich gebe dir die Hände*

*T: Rolf Krenzer*
*M: Ludger Edelkötter*

*Aus: Ich gebe Dir die Hände (IMP 1017).*



*Wenn die Liedstrophe eingeübt ist, beginnt L mit einem Kind das Lied zu tanzen.*

*Gesten:* sich an den Händen fassen, sich anschauen
umeinander herumgehen
sich anfassen, Hände hochhalten, wiegen
eingehakt im Kreis tanzen
eingehakt in Gegenrichtung gehen

*Nach einigen Versuchen kann im Schneeballsystem weitergetanzt werden.*

Ging's jetzt menschlich bei uns zu? Wir hören, wie es dem Riesen und dem Zwerg erging mit ihrem Wunsch, Mensch zu werden.

Der Zwerg und der Riese wollten menschlich werden, weil jeder von ihnen so einsam war. Aber wenn ihr denkt, der Riese und der Zwerg hätten sich gegenseitig getröstet, dann irrt ihr euch. Je älter sie nämlich wurden, umso mehr fingen sie an, einander zu quälen und sich das Leben schwer zu machen. Der Riese zeigte dem Zwerg seine Riesenfäuste. Er blies ihm seinen Atem ins Gesicht, oder er stemmte ihn in die Luft, setzte ihn auf den Gipfel einer Tanne und sah lachend zu, wie er mühsam wieder hinunterkletterte.

*Wir spielen auf dumpfen Instrumenten, wie der Riese mit dem Zwerg umgeht.*

Der Zwerg dagegen zeigte dem Riesen seine Zwergenzunge. Er verspottete ihn mit Worten oder schlich ihn heimtückisch an und zwickte ihn in die Waden und sah lachend zu, wie der vergeblich nach dem Übeltäter suchte.

*Wir spielen den Zwerg mit grellen, spitzen Tönen auf klingenden Instrumenten.*

Aber trotzdem blieb einer in des anderen Nähe. Sie brauchen einander, weil sie sonst niemanden hatten, den sie mit groben Fäusten ängstigen oder mit einer groben Zunge kränken konnten. Die Tiere des Waldes gingen den beiden schon längst aus dem Weg.
Eines Tages fanden sie einen winzigen Vogel. Es war keine Amsel. Es war kein Specht, und es war kein Eichelhäher. Er war grau und unscheinbar, ein Vogel ohne Namen. Er lag auf der Erde und schaute sie mit seinen runden Augen bittend an.

*Jedes Kind legt mit seinem Nachbarn zusammen einen grauen, unscheinbaren Vogel mit Zauberwolle auf eine Teppichfliese.*

Die beiden hoben den Vogel auf und bauten ihm ein Nest. Sie gaben ihm zu essen und gaben ihm zu trinken. Und abwechslungsweise wachten sie bei ihm, um ihn vor seinen Feinden zu schützen.

*Die Kinder bekommen den Auftrag, mit Rohwolle und Ästen und anderen Naturmaterialien um den Vogel herum ein Nest für ihn zu bauen.*

Der Zwerg staunte, wie behutsam der Riese mit seinen groben Fäusten den Vogel streicheln konnte. Und der Riese staunte, wie gut es dem Zwerg gelang, den Vogel zu trösten.

*Wir spielen weiche Riesentöne und feine, helle Zwergentöne.*

Der Riese und der Zwerg hatten mit der Pflege des verwaisten Vogels so viel zu tun, dass sie vergaßen, sich gegenseitig zu quälen und sich das Leben schwer zu machen. Der Vogel wurde dabei von Tag zu Tag ein wenig kräftiger. Und als er anfing, seine Flügel zu strecken, sahen der Riese und der Zwerg mit Verwunderung, dass jeder seiner Flügel eine andere Farbe bekam.

*Wir schmücken unseren Vogel mit bunten Federn.*

Und sie vertieften sich so sehr in den Anblick der bunten Federn, dass sie gar nicht merkten, wie nicht nur der Vogel, sondern auch sie selbst sich verwandelten.

*Eine ruhige, meditative Musik wird sehr leise gespielt. Dabei wird die Geschichte weitererzählt bzw. gestaltet.*

Der Riese wurde kleiner und kleiner, der Zwerg aber größer und größer.

*Der Zwerg und der Riese, die am Boden aus einem Stück Bleiband ausgelegt wurden, werden so verändert, dass sich jetzt zwei etwa gleich große Gestalten anschauen.*

Erst als sie sich auf gleicher Höhe gegenüberstanden und sich zum ersten Mal in die Augen sahen, hörte der Riese auf zu schrumpfen und der Zwerg hörte auf zu wachsen. Ihr Wunsch war in Erfüllung gegangen. Sie waren zu Menschen geworden. In dem Augenblick aber spannte der Vogel seine Flügel aus, erhob sich aus dem Nest, flog in den Himmel hinauf und kam nie mehr wieder.

*Wir tragen unsere Vögel vorsichtig aus dem Nest und setzen sie auf einer blauen Wolke über den »Menschen« ab.*

Nur wenn die beiden in Versuchung kamen und die Fäuste ballen wollten oder die Zunge herauszustrecken versuchten, flog über ihnen ein bunter Vogel vorbei und erinnerte sie an ihre alte Haut.

*Wir lassen die leise Musik noch ein wenig auf uns wirken und stellen sie dann ab.*

Menschen können viel zusammen machen. Sie lassen sich anstecken, wenn sich der andere freut, sie haben Mitleid, wenn einer traurig ist, sie werden aber auch ärgerlich, wenn jemand wütend ist. Das wollen wir jetzt zusammen singen und erleben.

***Lied: Siehst du, wie ich lachen kann*** (s. Seite 94)

Das, was wir in der Geschichte gehört, gespielt und gesungen haben, wollen wir jetzt auch Gott sagen.

*Wir zünden die Kerze an und stellen sie zwischen die zwei Menschen. Jedes Kind darf ein Teelicht anzünden und es zu den Menschen stellen.*

***Gebet***

Guter Gott,
du kennst jeden von uns so gut.
Du weißt, dass wir gerne groß sein wollen
und stark wie der Riese.
*(das Großsein spielen)*
Manchmal tun wir anderen
mit unseren Kräften aber auch weh.
*(die Fäuste ballen)*
Du weißt auch, dass wir uns manchmal
klein und einsam fühlen wie der Zwerg,
dass wir schimpfen und böse Worte gebrauchen.
*(das Kleinsein spielen)*

Bitte hilf uns, dass wir es gut miteinander meinen,
dass wir zusammen lachen und weinen können,
zusammen glücklich oder auch mal traurig sein können.
Dann ist unser Leben bunt und schön wie der Vogel.
Dann können wir deinen guten Geist
unter uns spüren und zusammen Feste feiern.
*(an den Schultern fassen)*

***Lied: Wir feiern heut' ein Fest*** (s. Seite 106)

## *Materialliste*

6–8 quadratische grüne Tücher für Bäume
4 Meter farbiges Bleiband (im Gardinengeschäft erhältlich)
Instrumente mit dumpfem Klang (Trommel, Holzxylophon etc.)
Instrumente mit hellem Klang (Triangel, Zimbel, Glöckchen)
Teppichfliesen (je eine für zwei Kinder)
Zauberwolle in verschiedenen Farben
Rohwolle, trockenes Moos, Ästchen etc. zum Bau des Nestes
bunte Federn
meditative Musik
blaue Tücher (2–3) für die Wolke
große Kerze und Streichhölzer
Teelichter (entsprechend der Anzahl der Kinder)

# 12) Gottes Geist macht das Leben bunt

*Mit der Geschichte vom kleinen Herrn Moritz sollen Kinder erfahren, dass Menschen mit Träumen und Phantasie andere aus ihrer Verzagtheit und ihrem Missmut herausholen und deren Alltag verändern können. Sie erleben in der Geschichte jedoch auch, was Träume zerstört. Im gemeinsamen Feiern und Spielen spüren wir, dass dies unsere Kräfte stärkt und uns ermutigt.*

*Wir sitzen im Stuhlkreis und beginnen mit einem bekannten Begrüßungslied.*
*Das Bild vom Herrn Moritz großformatig in die Mitte legen. Sein Hut sollte abnehmbar sein, der Kopf ebenso. Die Rückseite des Kopfes zeigt das bedrückte und verschämte Aussehen des Herrn Moritz.*

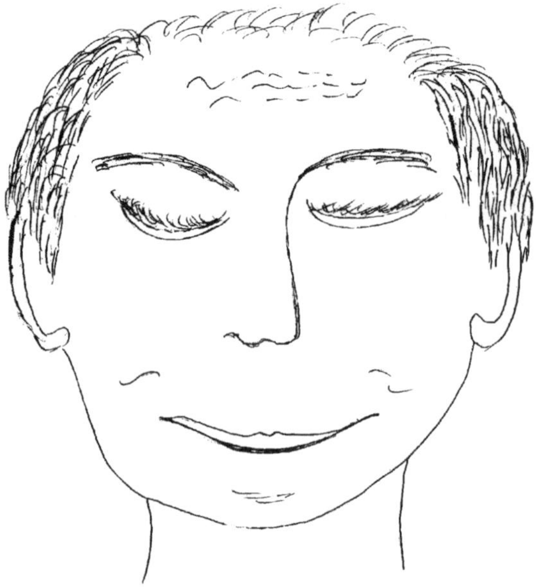

*Aus: Wolf Biermann, Das Märchen vom kleinen Herrn Moritz, der eine Glatzte kriegte. Abdruck erfolgt mit freundlicher Genehmigung des Verlages Kiepenheuer & Witsch, Köln.*

Es war einmal ein kleiner älterer Herr, der hieß Herr Moritz und hatte sehr große Schuhe, einen schwarzen Mantel dazu und einen langen schwarzen Regenschirmstock, und damit ging er oft spazieren.

*Was würde ihm heute bei einem Spaziergang alles auffallen? Die Kinder erzählen lassen!*
*In unserer Geschichte ist es aber Winter. Winter in einer großen Stadt. Wir legen den Winter mit einem großen weißen Tuch um Herrn Moritz, dazu kommen auch graue Elemente.*

*Die Kinder werden aufgefordert aus einem Korb Wintersachen auszuwählen, sie den anderen zu zeigen und miteinander zu überlegen, wem Herr Moritz begegnen könnte, der so etwas trägt. Danach werden die Sachen auf dem »Schnee« abgelegt.*

*Wir überlegen und zeigen es einander, wie sich die Leute bewegen, wenn es kalt ist:*
- *mit hochgezogenen Schultern*
- *steif*
- *schlotternd*
- *mit klappernden Zähnen*
- *trippeln*
- *schimpfen*

Als nun der lange Winter kam, da wurden die Menschen allmählich böse. Die Autofahrer schimpften, weil die Straßen so glatt waren, dass die Autos ausrutschten. Die Verkehrspolizisten schimpften, weil sie immer auf der kalten Straße rumstehen mussten. Die Verkäuferinnen schimpften, weil der Schnee gar nicht alle wurde. Der Milchmann schimpfte, weil ihm die Milch in den Milchkannen zu Eis gefror. Die Kinder schimpften, weil ihnen die Ohren ganz rot gefroren waren, und die Hunde bellten vor Wut über die Kälte schon gar nicht mehr, sondern zitterten nur noch und klapperten mit den Zähnen vor Kälte, und das sah auch sehr böse aus.
An einem solchen Schneetag ging Herr Moritz mit seinem blauen Hut spazieren, und er dachte: »Wie böse die Menschen alle sind, es wird höchste Zeit, dass wieder Sommer wird und Blumen wachsen.« Und als er so durch die

schimpfenden Leute in der Markthalle ging, wuchsen ganz schnell und ganz viele Krokusse, Tulpen und Maiglöckchen und Rosen und Nelken, auch Löwenzahn und Margeriten auf seinem Kopf. Er merkte es aber erst gar nicht, und dabei war schon längst sein Hut vom Kopf hoch gegangen, weil die Blumen immer mehr wurden und auch immer länger.

*Vorbereitete Blumen aus Krepppapier werden von den Kindern um den Kopf des Herrn Moritz gelegt, dabei wird der Hut hochgeschoben.*
*Was die Leute wohl zu Herrn Moritz gesagt haben? Wer dem Herrn Moritz etwas Schönes sagen kann, erhält von einem Kind, das nun den Herrn Moritz spielen darf, eine Blume.*

»Ich möchte gerne eine kleine Rose«, sagte die Frau und pflückte sich eine. »Und ich eine Nelke für meinen Bruder«, sagte ein kleines Mädchen, und Herr Moritz bückte sich, damit das Mädchen ihm auf den Kopf langen konnte. Er brauchte sich aber nicht so sehr tief zu bücken, denn er war etwas kleiner als andere Männer. Und viele Leute kamen und brachen sich Blumen vom Kopf des kleinen Herrn Moritz, und es tat ihm nicht weh, und die Blumen wuchsen immer gleich nach, und es kribbelte so schön am Kopf, als ob ihn jemand freundlich streichelte, und Herr Moritz war froh, dass er den Leuten mitten im kalten Winter Blumen geben konnte. Immer mehr Menschen kamen zusammen und lachten und wunderten sich und brachen sich Blumen vom Kopf des kleinen Herrn Moritz. Und keiner, der eine Blume erwischt hatte, sagte an diesem Tag noch ein böses Wort.

*Es ist nicht mehr grau und weiß in der kalten Stadt. Die Blumen und die Freude der Menschen haben Farbe ins Leben gebracht. Wir legen mit bunten Tüchern Farbe ins grau/weiß. Wir malen einander rote Bäckchen in der Runde.*

Aber da kam auf einmal auch der Polizist Max Kunkel. Max Kunkel war schon seit zehn Jahren in der Markthalle als Markthallenpolizist tätig, aber so etwas hatte er noch nicht gesehen! Mann mit Blumen auf dem Kopf! Er drängelte sich durch die vielen lauten Menschen, und als er vor dem kleinen Herrn Moritz stand, schrie er: »Wo gibt's denn so was! Blumen auf dem Kopf, mein Herr! Zeigen Sie doch mal bitte sofort Ihren Personalausweis!«

*Die Kinder sollen mit einem dichten Kreis um Herrn Moritz die Enge spielen, die der Polizist für Herrn Moritz ausstrahlt. Das Gesicht von Herrn Moritz wird nun gewendet: »Schaut mal Herrn Moritz an! Wie sieht er aus?«*

- *er lacht nicht mehr,*
- *er ist rot im Gesicht,*
- *er hält die Augen geschlossen,*
- *er schaut uns nicht mehr an,*
- *er kann keine Blumen mehr verschenken, wenn wir so eng wie die Polizei um ihn herum stehen.*

Und der kleine Herr Moritz suchte und suchte und sagte verzweifelt: »Ich habe ihn doch immer bei mir gehabt, ich hab ihn doch in der Tasche gehabt!« Und je mehr er suchte, umso mehr verschwanden die Blumen auf seinem Kopf.

*Wir decken die Blumen auf dem Kopf des Herrn Moritz mit einem weißen Tuch zu. Die Kinder gehen wieder an ihren Platz.*

»Aha«, sagte der Polizist Max Kunkel, »Blumen auf dem Kopf haben Sie, aber keinen Ausweis in der Tasche!« Und Herr Moritz suchte immer ängstlicher seinen Ausweis und war ganz rot vor Verlegenheit, und je mehr er suchte – auch im Jackenfutter – umso mehr schrumpften die Blumen zusammen, und der Hut ging allmählich wieder runter auf den Kopf!
In seiner Verzweiflung nahm Herr Moritz seinen Hut ab, und siehe da, unter dem Hut lag in der abgegriffenen Gummihülle der Personalausweis. Aber was noch? Die Haare waren alle weg! Kein Haar mehr auf dem Kopf hatte der kleine Herr Moritz. Er strich sich verlegen über den kahlen Kopf und setzte dann schnell den Hut drauf.
»Na, da ist ja der Ausweis«, sagte der Polizist Max Kunkel freundlich, »und Blumen haben sie wohl auch nicht mehr auf dem Kopf, wie?!«
»Nein ...«, sagte Herr Moritz und steckte schnell seinen Ausweis ein und lief, so schnell man auf den glatten Straßen laufen konnte, nach Hause.
Dort stand er lange vor dem Spiegel und sagte zu sich: »Jetzt hast du eine Glatze, Herr Moritz!«

*Unsere Geschichte hatte für Herrn Moritz ein trauriges Ende. Was wohl die Leute alle gesagt haben, als sie die Glatze von Herrn Moritz gesehen haben? Ob sie ihn besucht haben? Ob sie ihm jetzt Blumen gebracht haben? Ich denke, dass die Freude, die Herr Moritz geschenkt hat, nicht verloren ging. Bestimmt hat sie bald wieder auch Herrn Moritz angesteckt.*
*Wir wollen uns nun mit einem Lied Freude schenken und dazu in einer Schlange durch den Raum ziehen.*

## *Lied: Zieh den Kreis nicht zu klein*

*T und M: Dr. Heinz-Georg Surmund*

*Aus: Weitersagen (IMP 1006, nicht mehr lieferbar).*



2. Wenn du sprichst, sprich nicht allein,
   steck andre an, sprechen kann Kreise ziehn.
   Wenn du sprichst, sprich nicht für dich, sprich andre an.

Refrain: Zieh den Kreis nicht zu klein ...

5. Wenn du lachst, lach nicht allein,
   steck andre an, lachen kann Kreise ziehn.
   Wenn du lachst, lach nicht für dich, lach andren zu.

Refrain: Zieh den Kreis nicht zu klein ...

8. Wenn du liebst, lieb nicht allein,
steck andre an, lieben kann Kreise ziehn.
Wenn du liebst, lieb nicht allein, steck andre an.

Refrain: Zieh den Kreis nicht zu klein ...

*Die Blumen des Herrn Moritz können an die restlichen Kinder verteilt werden. Wir hören oder lernen jetzt das Gedicht:*

## *Was du teilen kannst*

*Aus: Hubertus Halbfas, Religionsbuch für das 1. Schuljahr, S. 29. Rechte beim Patmos Verlag, Düsseldorf 1983*

Wenn du klein bist,
den Apfel und das Brot.

Wenn du größer bist,
die Freude und die Not.

Dich selber?
Nie!
Aber die Liebe,
von der du lebst:
Weißt du wie?

*Im Gespräch mit den Kindern überlegen, wie man Liebe weiterschenken kann; evtl. Geschenke für konkrete Personen überlegen.*

## *Gebet*

Guter Gott, schenke uns Träume vom Leben.
Lass uns einander von unseren Träumen erzählen und Freude schenken.
Gib, dass wir uns mitfreuen können, wenn andere froh sind.
Gib uns ein offenes Herz, dass wir uns mit Freude, Mut und Kraft beschenken lassen.
Lass uns spüren, dass du Freude schenkst,
die niemand nehmen kann.
Amen.

## *Fortführung des Themas*

In einer weiteren Einheit können die Kinder den Wandel von Verzagtheit und Angst in Freude und Mut am Beispiel der Pfingsterzählung hören und spielen. Die Elemente Wind, Feuer und Licht können mit Tüchern und mit Bewegung umgesetzt werden. Das Symbol der Taube kann mit den Kindern gebastelt oder mit Legematerial dargestellt werden. Das Bild der Taube von Picasso kann für eine Bildbetrachtung verwendet werden oder den Kindern einfach mitgegeben werden.

## *Materialliste*

Eine Darstellung vom Herrn Moritz, entweder als große Zeichnung oder als Figur, gekennzeichnet durch Kleidung, Schirm und Hut
Weiße und graue Tücher
Einen Korb mit Wintersachen
Eine Glaskugel
Verschiedene farbige Blumen aus Krepp-Papier an einem Stiel
Bunte Tücher
Stift für rote Bäckchen (Schminke)

# 13) Meine Hand in unserer Welt

Ein Kindergottesdienst zum Gemeindefest

## *Vorbereitung*

Die Kinder sitzen im Stuhlkreis. Für die Aktionen sind außerhalb des Kreises oder in Nebenräumen Arbeitsplätze hergerichtet.

## *Begrüßung*

Wir begrüßen euch ganz herzlich zu unserem Kindergottesdienst. Wir sitzen hier in einem großen Kreis. Das zeigt uns: Wir gehören zusammen. Wenn wir uns jetzt beim Begrüßungslied die Hände reichen, spüren wir noch mehr, dass wir miteinander verbunden sind.

*Kinder fassen sich an der Hand. L spricht (spielt, singt) die 1. Strophe in Teilschritten vor, dann sprechen bzw. singen alle nach:*

## *Lied: Lasst uns jetzt die Hände reichen*

*T: Martha Rigam*
*M: Franz Kett*
*Aus: Religionspädagogische Praxis, Jhg. 1990, Nr. I »Im Frühling wächst das neue Leben«, S. 3.*


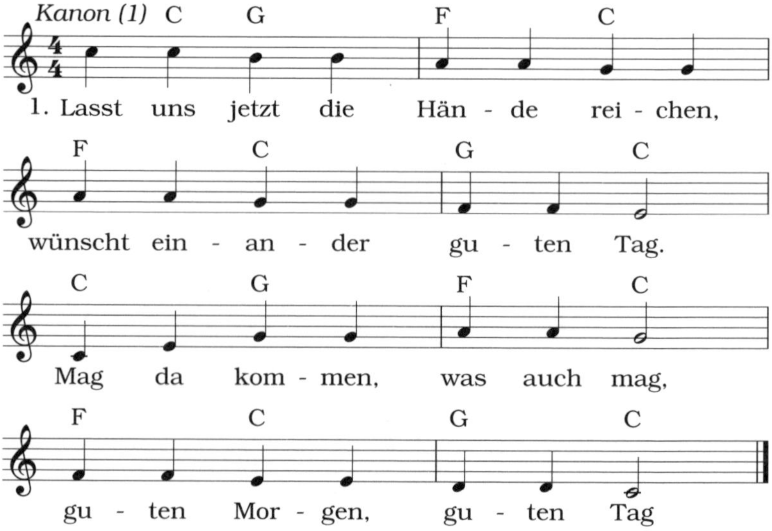

2. Öffnet eure Herzen weit, macht euch für den Tag bereit.
   Fröhlich gehen wir aus dem Haus in die weite Welt hinaus.

3. Gott geht mit auf allen Wegen, die wir heute werden gehen.
   Lasst uns jetzt die Hände reichen, wünscht einander guten Tag.

*Wenn wir die 1. Strophe gut können, gehen wir im Raum herum und begrüßen alle, die uns begegnen. Am Ende der Strophe gehen wir zu unseren Plätzen zurück.*
*Die zweite Strophe üben wir gleich mit der Bewegung: Als Zeichen der Öffnung führen wir die Hände nach oben. Die emporgereckten Arme bilden mit den Armen des Nachbarn ein Tor. Wir stellen uns vor, dass wir durch dieses Tor in die Welt hinausgehen können.*
*Wir drehen uns, blicken nach draußen und gehen aus dem Kreis hinaus, gehen um den Stuhl herum und kommen wieder zurück.*
*Bei der 3. Strophe gehen wir zunächst ohne Handfassung, dann fassen wir uns an den Händen und wünschen einander Guten Tag.*

### Wahrnehmungsübung der Hände

Unsere Hände waren beim Begrüßungslied sehr wichtig:
- zum Begrüßen
- zum Fassen im Kreis
- für das Tor
- Wir schauen unsere Hände jetzt noch einmal genauer an.
- Wir fühlen mit einer Hand an der anderen, wo sie weicher und wo sie fester und härter ist.
- Wir bewegen mit einer Hand die Finger der anderen Hand ganz vorsichtig nacheinander.
- Wir fühlen wie dick unsere Finger sind.
- Wir reiben Handflächen und Finger zart aneinander.
- Wir betasten die Handaußenseiten.
- Ist die Hand innen oder außen wärmer?
- Wir schütteln beide Hände aus.

- Wir reiben sie ganz fest aneinander, bis sie heiß werden.
- Dann legen wir sie auf unser Gesicht. Das tut gut! Wir lassen sie sanft über den Körper nach unten gleiten.
- Wir reichen uns noch einmal die Hände: Die linke, das ist die Hand, die vom Herzen kommt, legt sich in die offene rechte Hand des Nachbarn.

Eine Hand haben wir gegeben, eine genommen. So sind wir jetzt ganz da. Unser Kreis und unser Leben ist eine runde Sache, wenn wir geben und nehmen dürfen. Rund wie der Kreis ist auch unsere Erde, auf der wir leben. Für das Leben auf dieser Erde brauchen wir unsere Hände. Mit den Händen können und müssen wir vieles tun: malen, bauen, waschen, essen, streicheln, schlagen, graben, winken usw.

*Jetzt bekommt jeder einen Farbstift und ein Blatt Papier und ummalt damit seine Hand. Wenn alle fertig sind, legen wir die Hände zu einer großen runden Erde in den Kreis.*

*Gott ist uns und unserer Welt nahe. Ein Kind darf die große Kerze in die Mitte unseres Kreises stellen und sie anzünden. Die Kinder können sagen, was ihnen die Kerze in der Mitte mitteilen und erzählen will.*

### ***Lied: Deine Welt ist meine Welt***

*T: Rolf Krenzer*
*M: Detlev Jöcker*

*Aus: Buch, MC, CD: Deine Welt ist meine Welt.*

### Gesten

*Wir sprechen den Text und lernen dazu die folgenden Gesten. Danach wird die Melodie eingeführt.*

| | |
|---|---|
| Deine Welt | *Arme und Hände ausgebreitet nach vorn* |
| ist meine Welt. | *Wir legen beide Hände wie ein Nest vor unsere Brust* |
| Ich brauche sie zum Leben. | *Die Hände nach rechts und links ausbreiten.* |
| Meine Welt | *Hände wie ein Nest vor die Brust legen* |
| ist deine Welt, | *Arme und Hände ausgebreitet nach vorn* |
| die du mir gegeben, | *Wir reichen uns die Hände und schreiten angefasst im Kreis* |
| dass ich alle Jahre ...<br>was dir und mir gefällt. | *Wir bleiben stehen und halten angefasst unsere Hände hoch* |

## *Aktionen*

Auf unserer Welt gibt es für unsere Hände viele schöne Dinge zu tun. Wir haben vier Arbeitsplätze vorbereitet und zeigen euch jetzt, was an den verschiedenen Orten hergestellt werden kann:

*Wir bauen gemeinsam ein großes Haus aus Karton und schmücken es mit Sandbildern:*
Ein Umzugskarton o. Ä. wird zu einem Haus geschnitten und geklebt. Die Wände werden mit Sandbildern geschmückt. Dazu werden mit Klebestift Figuren und andere Zeichen auf einen DIN A4 Bogen gezeichnet. Dann wird bunter Sand darübergestreut, der überflüssige Sand wird anschließend abgeschüttelt.

*Wir schmücken einen Weltenbaum mit Windspiralen:*
Als Baum dient ein größerer Zweig, der in einen Eimer mit Sand gesteckt wird. Auf ein DIN A4 Blatt wird eine Spirale aufgemalt und für jedes Kind vervielfältigt. Die Kinder gestalten das Blatt mittels Blasetechnik: Man lässt Wasserfarben stark verdünnt auf das Blatt tropfen, diese werden mit einem Strohhalm in verschiedene Richtungen geblasen. Dann wird die Spirale ausgeschnitten und mit einem Faden an den Baum gehängt.

*Wir modellieren für unsere Welt Tiere aus Modelliermasse:*
Lufttrocknende Modelliermasse kann ohne Wasser leicht mit der Hand geformt werden. Als Unterlage genügt ein Blatt Papier.

*Wir lassen bunte Traumkugeln für unsere Welt entstehen:*
Kunststoffkugeln mit einem Durchmesser von ca. 8 cm werden auf ein Rundholz gesteckt. In ein größeres Gefäß, das mit Wasser gefüllt ist, wird in kleinen Mengen Ölfarbe in verschiedenen Farben hineingetropft. Die Kugel wird vorsichtig auf der Wasseroberfläche gedreht, so dass auf ihr ein buntes, marmoriertes Farbmuster entsteht.

*Die fertigen Arbeiten werden in die Mitte des Kreises gestellt.*

## *Lied: Die Erde ist mein Haus*

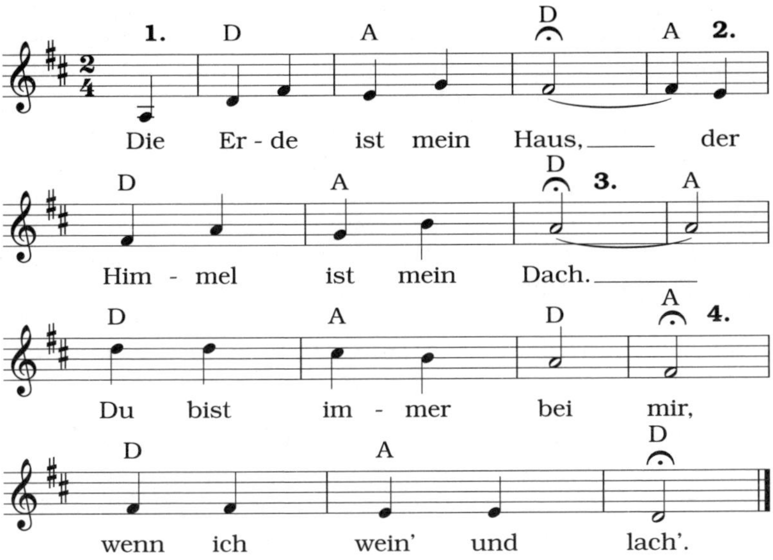


*T: Jutta Richter*
*M: Ludger Edelkötter*

*Aus dem Lied: Du bist immer bei mir. »Weil du mich so magst« (IMP 1036, vergriffen).*



### *Wahrnehmungsübung*

Schaut jetzt eure Hände noch einmal an
- Haben sie noch Spuren der Arbeit?
- Klebespuren? Farbe? Wie riechen sie?
- Außer Spuren habt ihr jetzt nichts mehr an oder in den Händen! Sie sind leer!
- Ihr habt alles, was mit den Händen entstanden ist, zur Mitte gebracht.
- Die Mitte ist jetzt nicht mehr leer. Sie ist zu einem schönen Bild geworden.

Hört jetzt die Geschichte von einer Frau mit leeren Händen:

## Erzählung

*Vorlage zum freien Erzählen*

Während seines Pariser Aufenthaltes ging Rilke täglich um die Mittagszeit in Begleitung einer jungen Französin an einer alten Bettlerin vorbei. Stumm und unbeweglich saß die Frau da und nahm die Gaben der Vorübergehenden ohne jedes Anzeichen von Dankbarkeit entgegen. Der Dichter gab ihr zur Verwunderung seiner Begleiterin, die selbst immer eine Münze bereithatte, nichts. Vorsichtig darüber befragt, sagte er: »Man müsste ihrem Herzen schenken, nicht ihrer Hand.« An einem der nächsten Tage erschien Rilke mit einer wundervollen, halberblühten Rose. »Ah«, dachte das Mädchen, »eine Blume für mich, wie schön!« Aber er legte die Rose in die Hand der Bettlerin.

Da geschah etwas Merkwürdiges: Die Frau stand auf, griff nach seiner Hand, küsste sie und ging mit der Rose davon. Eine Woche lang blieb sie verschwunden. Dann saß sie wieder auf ihrem Platz, stumm, starr wie zuvor. »Wovon mag sie die ganzen Tage über gelebt haben?« Rilke antwortete: »Von der Rose!«

## Gebet

Hände können nicht nur schaffen und schenken.
Sie können auch danken und beten.
Dazu brauchen wir nicht einmal Worte!
Unsere Hände erzählen uns und Gott,
dass es schön ist, wenn etwas wachsen und werden kann.
Wir brauchen nur Geduld und Ausdauer,
dann können wir uns an allem freuen, was geworden ist
und die Freude in uns bewahren.

*Zum Abschluss nehmen alle ihr Werk zu sich. Wir halten es in unseren Händen, während wir das Lied nochmals singen.*

## Lied: Deine Welt ist meine Welt

## *Materialliste*

für jedes Kind ein festes Blatt Papier in Größe DIN A5
dicke Kerze und Streichhölzer
Karton für den Hausbau
Kreppklebeband, evtl. Tacker
buntes Tonpapier in Größe DIN A4
Vogelsand, einige Schuhschachteldeckel o. Ä. (möglichst größer als DIN A 4)
einige Klebestifte
stark verzweigter Ast, ca. 120–150 cm hoch, befestigt in einem Sandkübel
Schreibpapier in Größe DIN A4
Wasserfarben, Wasserglas, Pinsel
Trinkhalme
Scheren, Bleistifte
Nadel und Faden
Modelliermasse
Styropor- oder Kunststoffkugeln
Marmorierfarbe (Ölfarbe)
Rundstäbe
Marmoriergefäße und Schaschlikstäbchen zum Umrühren

# Verzeichnis der abgedruckten Lieder

Notizen

Notizen

Bücher von Edda Reschke:

**Feuer und Sturm**
Mit Kindern Pfingsten erleben

80 Seiten, zahlreiche Ausmal- und Bastelvorlagen

ISBN 3-7840-3149-8

Neues »Feuer« für die Glaubensweitergabe an Kinder möchte dieses Werkbuch entfachen. Es motiviert dazu, sich die Bedeutung des Pfingstgeschehens für das eigene Leben zu vergegenwärtigen und an Kinder zu vermitteln: Wer bereit ist für die Kraft des Geistes Gottes, geht mit offenen Sinnen und offenem Herzen durch die Welt, empfängt eine Energie, die auf andere zugehen, Aufgaben und Prüfungen vertrauensvoll bewältigen lässt. Diese Kraft verändert!

**Hoffnungsgrün und Lichterglanz**
Mit Kindern Advent und Weihnachten erleben

135 Seiten, zahlreiche Ausmal- und Bastelvorlagen

ISBN 3-7840-3184-6

Vor allem die Gegenpole Licht und Dunkel werden lebendig, wenn wir uns auf die Wegsuche nach dem »echten Weihnachten« machen. Denn Jesus, das Licht der Welt, wird in der Stille und Abgeschiedenheit, in der Dunkelheit und Kargheit geboren. Um Licht und Freude wirklich begreifen und erleben zu können, müssen wir auch Dunkel und Stille erfahren haben.

Lahn-Verlag • Postfach 1355 • 47613 Kevelaer

Weitere Koproduktionen der Verlage Junge Gemeinde und Lahn:

**Was sucht die Maus in Betlehem?**
Neue Weihnachtsspiele für Gemeinde, Kindergarten und Schule

160 Seiten, Paperback

ISBN 3-7797-0363-7 (Junge Gemeinde)
ISBN 3-7840-3203-6 (Lahn)

Gerade an Weihnachten gilt es, die bekannte Botschaft dem Zuschauer immer wieder in einem neuen Gewand vorzustellen. Krippenspiele helfen hinzuhören, was uns diese Geschichte von der Geburt im Stall heute zu sagen hat. Die Stücke enthalten Regieanweisungen und praktische Tipps für die Aufführung. Das Buch enthält kürzere und längere Weihnachtsspiele für Kinder in jedem Alter, klassische Stücke mit Hirten und Engeln ebenso wie solche, die Ungewöhnliches aufdecken.

**Und er rührte sie an ...**
Mit biblischen Erzählfiguren Glauben gestalten, erfahren, feiern

192 Seiten, davon 16 Farbseiten

ISBN 3-7797-0367-X (Junge Gemeinde)
ISBN 3-7840-3219-2 (Lahn)

Biblische Erzählfiguren lassen sich nicht nur bewegen, sie bringen selbst in Bewegung, wenn man mit ihnen biblische Texte darstellt. Die Figuren sprechen Erwachsene ebenso an wie Kinder. Die vielfältigen Einsatzmöglichkeiten werden in diesem Buch anhand von Beispielen und Fotos praxisnah beschrieben. Zudem gibt das Buch einen Überblick über die Entwicklung und die Verwendungsmöglichkeiten biblischer Erzählfiguren.

---

Lahn-Verlag • Postfach 1355 • 47613 Kevelaer
Verlag Junge Gemeinde • Postfach 100355 • 70747 Leinfelden